道端の花に
メッセージがあり
一枚のチラシに
物語がある

この本は、3人のために書きました。

1

切り離されている感覚を、感じている人。

2

嫌なことがあると、
つい逃げてしまっている自分を変えたい人。

3

ワクワクを、手に入れたい人。

プロローグ

01

ワクワクは、物語から生まれる。

不安でない人は、「不安を感じていない」のではありません。
不安よりも「ワクワク感を感じている」のです。

「明日はどうなるんだろう」「明日が来るのかどうかわからない」というのが不安の原因です。

不安を感じていない人は、「明日が来るのが楽しみ」と思っています。

そういう人は、たとえ明日の不安はあっても、それを上回るワクワク感があるのです。

不安を1個取り除いても、次の不安がまたやってきます。

結果として、不安は次から次へと湧いてきます。

いかにワクワク感を持つかです。

ワクワク感は物語から生まれます。

人の話を聞いたり、ＴＶドラマや映画を見てワクワクするのは、その物語に感情移入するからです。

大昔に氷河期を迎えたり、せっかく見つけた洞窟にいたのに、より力が強い者たちに追い出された。

そんな時、人々はその不安を乗り越えるために、みんなで集まって物語を話した可能性があります。

その物語は、どこまでがフィクションで、どこまでがノンフィクションなのか、まったく関係なし。

みんなで物語を共有することによって不安を乗り越えてきたのです。

不安を生むのは一つの「事件」です。


事件は、点としてあります。

物語は、いくつものつながりの中から生まれます。

ポツンポツンと分断した事件だけがあると、そこから人間は勝手に拡大解釈をして怖い展開を想像し、「どうなるかわからない」と考えがちです。

情報化社会では、事件や情報が膨大にやってくる中で、いかに自分の物語を生み出せるかが勝負です。

子どもが寝る時、お母さんは絵本を読んであげます。

物語を与えることによって、子どもが安心して寝ることができるのです。

今すべきことは、物語を感じることです。

人生においては、事件よりも物語を見つけていくことが大切なのです。

「不安」を「ワクワク」に変える

01

事件ではなく、物語を見つけよう。

「不安」を「ワクワク」に変える61の方法

目次

2章

うまくいかなくても、ワクワクしよう。

3章
「人と違う」ということにワクワクしよう。

4章

行動して不安をワクワクに変えよう。

5章

不安から生まれるものを大切にしよう。

6章
ワクワクは、近くにある。

1章

不安を、
ワクワクに変えよう。

02

趣向とは、物語だ。

自分で物語をつくる作業の手を抜くと、物語性を感じません。
結果として不安だけが残ります。

お茶室には、床の間があります。
床の間には、掛け軸・花・お香があります。
床の間は一種の主人の趣向を示しています。
この趣向が「今日はこういう物語ですよ」と、物語につながります。
子どもが絵本を読む時は、大人の読み方とは違います。
子どもは、絵本の表紙を眺めている時間が長いです。
大人は、表紙を見ないでパッと開いて、中の文字を追いかけ始めます。
子どもは、文字を読む前に絵を見て、絵から物語を感じます。

現代絵画を観に行くと、「わけがわからない」と凹む人がいます。

現代絵画は、観る人が物語を半分つくることができます。

「わからない人だと思われたらどうしよう」という不安感から、現代絵画に対して攻撃的な見方をしてしまうのです。

古典絵画は、作者の中で物語が完結しています。

観る人に知識があれば、物語をつくる作業に参加しなくても物語がわかります。

完成されたプラモデルが古典絵画で、未完成（ハーフメイド）のものが現代絵画です。

床の間の趣向は、説明書が何もありません。

みずから積極的に参加して物語をつくる姿勢がないとなかなか味わえません。

「これが何であるか」というのは、わかろうとする人には説明してくれます。

わかろうとしないでスルーしている人にはまったく説明してくれないところが趣向の難しさです。

京都の町が難しいのは、説明を全部してくれないからです。

美術館の方がまだラクです。

額縁・作品名・図録、「今日の作品目録」も用意してあり、どれが作品で、どれが作品でないかがわかります。

現実社会において、額縁も作品名もない中では物語を見つけにくいです。

隠された趣向を、どう楽しむかが大切です。

「あいにくのお天気で」という表現は、文化の中にはありません。

雨は雨の楽しみ方があります。

雨や風の音が聞こえたり、雪が降ったり、寒いことも、それをいかに味わうかという趣向の1つになっています。

お茶会でのワクワク感は、亭主がつくった隠された趣向に気づくことから生まれるのです。

「不安」を「ワクワク」に変える

02

隠された趣向に気づこう。

03

ショーウインドーには、メッセージが込められている。

「自分はお茶会に行かないから床の間は関係ない」という人も、ふだん目にしているものの中に、無限に床の間に当たるものはあります。

隠された趣向に「気づく人」と「気づかない人」がいるのです。

たとえば、街のショーウインドーは宣伝的なところではありません。

ショーウインドーは、床の間と同じような設《しつら》えになっています。

文字の説明は何もありません。

立ち止まって眺めなければ、物語には気づけません。

物語には時間の流れがあるからです。

代表的なショーウインドーは、銀座四丁目にある和光のディスプレー・ウィンドーです。

日曜日の午後に、2軒満席で3軒目に入れたのが、和光の向かい側の日産ショールームの2階のカフェコーナーでした。

向かいに和光のディスプレー・ウィンドーがありました。

ふと見ると、いつもは上にある時計が珍しく一階のディスプレー・ウィンドーの中にありました。

ディスプレー・ウィンドーは、マネキンや商品が置かれているわけではありません。

和光の時計はふだん入れない屋上にあります。

屋上の時計とまったく同一でしたが、針が指している時間が違いました。

私が見た時は4時を過ぎていましたが、下の時計は2時46分でした。

ちょうど3・11から10年後の1週間だけ、ディスプレーとしてその時計が展示されていたのです。

コピーは、「あの時を忘れない。進み続けるために。」。

和光のショーウインドーの前は待ち合わせをする人が多いです。

多くの人が信号待ちをしています。

ほとんどの人が信号が早く変わらないか見ていたり、これから行く先を見ていたり、スマホを見ています。

その時、ふとディスプレー・ウィンドーを見るかどうかが分かれ目になります。

ディスプレー・ウィンドーを一瞬見て、「ここにこんな時計がある」と思って通り過ぎる人もいます。

アナログ時計がとまっているというのは、そこで1分以上立ち止まらないとわかりません。

今の時間と違うことに気づくためにも時間が必要です。

ショーウインドーは、道端の花と同じで、主張をしません。

「こんなインスタレーションをしています」ということは何も主張せずに、気づく人だけが気づきます。

ここが情報発信と違うところです。

ただひっそりとそこに置かれているものに、どれだけ気づくことができるかです。

ショーウインドーを見て「上の時計と同じだ。大きいんだな。それをここにおろしてきて見ることができたんだ」で終わる人もいます。

「あの時を思い出そう」というメッセージでとまってしまう人もいます。

物語で大切なのは、「終わりがない」ということです。

「ここで終わり」というのはなく、どこまでも続いていくのが物語です。

私が和光のディスプレー・ウインドーを目撃したのは３月７日でした。

この話には続きがあります。

４日後の11日の２時46分に、その場に行きました。屋上の鐘が鳴って、止まっていた時計が動き始めたのです。

「あの時を忘れてはいけないけど、あの時でとまっていてはいけない」という作り手のメッセージに気づいた時に、改めてワクワクを感じたのです。

「不安」を「ワクワク」に変える

03

ショーウインドーにメッセージを見つけよう。

04

物語は、参加することでワクワクする。

2011年の震災後、「絆」がテーマになった時に、和光に面白いディスプレーがありました。

「兆《きざし》」というタイトルでマネキンが並んでいました。

すべてのマネキンが手をつないでいる中で、1カ所だけ途切れています。

ふつう「マネキンが手をつないでいるのは絆を表現しているんだな」と気づきます。

まじめな人は、1カ所のスキ間を見て、「これ、つなげておかないとダメじゃないかな。なんで空いているの」と心配します。

ツッコミを入れられるのも、物語への参加性で大切な要素です。

ディスプレー・ウインドーは、ガラスが入っています。

ガラスには、反射が映ります。

反射が鏡的な効果になり、「途切れている部分にあなたが入ってくださいね」というメッセージになっていたのです。

ここまで感じられるかどうかです。

「ここ、つながないとダメじゃない」という発想は、作者のメッセージの期待通りに近づいています。

「手をつないでいるから絆を表現しているんだよね」で終わる人もいれば、「ここ、なんで空いているんだろう」と興味を感じる人もいます。

ショーウインドーはメッセージが込められていて、面白いのです。

「不安」を「ワクワク」に変える

04

ショーウインドーにツッコミを入れよう。

05

昨日と今日は違うと感じると、ワクワクが生まれる。

コロナ禍のある時、和光のショーウインドーに、ブルーの帆船が並んでいました。船は、ゆっくり揺れていました。

ブルーの帆船は、医療従事者への応援のためのブルーキャンペーンを表現しています。

もう一つ、船が揺れているのは、上の時計からおろしてきた振り子が動いているという表現です。

これは、「時間はとまっているのではなく、ずっと動き続けていて、未来へ向かって進んでいるんだ」という応援のメッセージです。

時間がわれわれに、勇気を与えてくれるのです。

私は子どもの時から偉人伝が好きでした。

偉人伝は子どもたちに勇気を与えます。

「今、自分には辛《つら》いことがたくさんあるけれども、みんなも同じ体験をしてそれを乗り越えていった」という物語を偉人伝の中に見ているからです。

私は、その人のエピソードを聞くのが大好きです。

私が本を書く時も、短いエピソードを積み重ねていく形にしています。

心は、理論では動きません。

ある物語を共有し、共感すると心は動いていくのです。

お通夜に行って故人との思い出を語り合う。

みんなの心の中にエピソードの断片を持ち寄り、故人を現存させて「いい人だったよね」という展開になります。

常に、時間を止めないことが大切です。

時間を止めないことは、昨日と今日は違うと感じることです。

時間を味方にしていくことが、明日のワクワクになるのです。

「不安」を「ワクワク」に変える

05

昨日と今日の違いに気づこう。

06

卵は、割ることで、料理になる。

デパートは、商品を買うこともできる現代美術館です。

銀座で最初にできたデパートは、銀座六丁目の松坂屋です。

松坂屋は２０１７年にＧＩＮＺＡ　ＳＩＸに生まれ変わりました。

オープン当初、吹き抜けのところに草間彌生さんのインスタレーションがありました。

それは常設ではなく、年に何回も現代アーティストが交代して作品をつくりました。

地下2階は、食料品売り場です。

日本全国の名店が集まって、限定のもの、行列ができるもの、なかなか手に入らない、すぐ売り切れになるものが集められています。

エスカレーターで地下2階におりると、正面に小さなショーウインドーがあります。

ショーウインドーを担当しているのは佐藤寧子さんです。

このショーウインドーが面白いのです。

たとえば、コロナと闘っている最中、いよいよワクチンが始まろうとしている時期に、『オープン・ザ・エッグ』という作品がディスプレーされていました。

自粛を強いられて、卵を割ることができず、殻の中に閉じこもっていました。

「卵を割って料理をつくりましょう。春を迎えるために卵を割りましょう」というメッセージが込められているのです。

かたわらに、撹拌機が置かれていました。

「卵をまぜて何かをつくり出していこう」というメッセージとともに、メレンゲは、みんながつくり出していく希望の象徴です。

そこにはジャングルで強いライオンと、か弱さの代表であるプードルも両方いて、みんなで春を迎えています。

殻の中にはハチがいて、蝶が飛んでいるという形で、生き物たちを表現していました。

全国のおいしいものを売るフロアで卵を表現していることで、「そうか、卵の殻を割らないと料理はつくれないから、料理にもつながっている」と気づかされます。

私は「コロナをキッカケに卵の殻を割って新しい自分に生まれ変わりましょう」というメッセージを感じました。


ショーウインドーは、道端の花と同じです。

地下2階にショーディスプレーがあることに誰も気づきません。

おいしそうなお店がたくさんあると、ついそちらを先に見てしまい、せっかくアーティストがつくってくれたメッセージを見落としてしまいがちです。

自粛を強いられている時は、立ち止まって道端の花に気づくチャンスです。

道端の花に気づける人は、毎日通る道でも「昨日より蕾《つぼみ》が少し大きくなった」「花が1つ咲いた」とわかるのです。

梅の味わい方は、
① 咲き始めの梅を探す「探梅」

②　一番咲いているころの「観梅」
③　花が散って香りを飛ばしている「惜梅」

の3段階があります。

明日にワクワクできるのは、1つのものが細かく分かれている時間を味わえるからです。

昨日と今日、今日と明日は違うことを感じられるかどうかです。

毎日ニュースだけを見ていると、「今日の感染者数は何人」という数字ばかりが1日の刻みになってしまいます。

道端の花やショーウインドーを見ていると、毎日「今日とは違う明日がやってくる」と気づけるようになるのです。

「不安」を「ワクワク」に変える

06
殻を破って、撹拌しよう。

07

ショーウインドーは、未来の時間が流れている。

表参道に住んでいて一番いいのは、季節を感じることです。

各ブランドがフラグシップ店を持っていることです。

街じゅうの1階の路面がショーウインドーになっていて、季節を先取りしているのです。

まだ寒い季節に暖かい季節の格好をしていたり、まだ暖かい季節に涼しい季節の格好になっています。

これは、床の間のお軸の考え方と同じです。

床の間のお軸は、今の季節を描くよりは、間もなくやってくる季節に合わせるのが美学です。

季語は、今の季節感とズレています。

それは、旧暦と新暦の違いもあります。

春の楽しみは、冬の中にあります。

「まだ冬の寒い時に、一瞬吹いてくる風に春の予感がする」というのが未来を感じることです。

ここに美意識があるのです。

街じゅうが春になれば、それは誰が見てもわかることです。

そこに風情はありません。

春の終わりには夏の気配を一瞬感じることが大切です。

時間には、流れがあります。

ワクワクできるのは、自分に未来があると感じた時です。

私がディズニーランドのパレードで一番好きな瞬間はオープニングです。

ファンファーレが鳴り、リズム隊が来て、向こうから小さく音楽が近づいてくるところです。

これは、だんじり祭も同じです。

私にとってだんじりのワクワク感は、今まさにだんじりが目の前を通り過ぎる瞬間ではありません。

商店街の中にいると、一番最初に聞こえるのは、警官が通行人に対して鳴らすピピピッという警笛音です。

警笛の音が聞こえると「来た！」と、私は妹と一緒に家から出て見に行っていました。

そして、遠くから鳴っていた太鼓の音が近づいてくる瞬間が一番ワクワク感があるのです。

「なんとなく毎日がつまらない」と言う人は、今と後ろばかり見ています。

後ろは今まで起こったことなので、誰にでもわかります。

ショーウインドーは、前を見る感覚を教えてくれます。

「春になったらこれを着よう」「夏になったらこれを着よう」「秋になったらこれを着よう」と、前の季節の段階から次の季節のワクワク感が感じられるのです。

「そうこう言っているうちに、もう夏も終わるんだ」「冬も終わるんだ」「せっかくだからこの時間を味わおう」と楽しめるのは、その先の時間がやってくるからです。

公園に行くと「写真を撮ってください」と言われることがあります。


以前は、マスクをはずして写真を撮る方がいいかなと思っていました。

やがて、せっかくだからマスクのまま写真を撮ることにしました。

将来マスクをする必要がなくなった時に、「あのマスクをしている時に撮った写真だね」と、値打ちが出てくるからです。


フィットネスクラブでトレーニングをする時、トレーナーさんが「はい、あと2回頑張って」と言うと、もっと頑張らなければなりません。

上手なトレーナーさんは「あと2回しかできませんよ」と言います。

「あと2回しかできない」と考えると、頑張ろうという気持ちになります。

運動のために、階段の上り下りをしています。

6階までの上り下りを5往復すると、残り2往復のあたりでつらくなります。

その時、自分への掛け声として、「あと2往復か」と考えるのではなく、「あと2往復しかできないんだな」と考えると、1回1回が貴重に感じられます。

それが「今」を味わうということです。

無限に続いていると感じると、味わえません。

カラオケが一番盛り上がるのは、最初ではなく、フロントから部屋に電話がかかってきて「あと10分です」と言われた瞬間です。

「あと10分だから、1人1曲ずつね」となると突然、参加している全員が、

「あの歌を歌うのを忘れていた」

「これも歌っていない」

「なんであんなあやふやな歌まで歌っちゃったんだろう」

「途中で何を歌うべきか思い出せなかった」

と思い出します。

これが、限りある時間を意識することで一番ワクワクする瞬間です。

自分がつらいことをしたり、何かに耐えている時に、「こんなに大変だけど、あと

これだけしか味わえないのか」と感じることが「今」の味わい方です。
先の時間を見ていると、「今」を味わうことができるのです。

「不安」を「ワクワク」に変える

07

ショーウインドーに、未来を見よう。

08

変化する楽しさと、反復する楽しさを味わう。

なまじっか調子のいい時は、変化に対して抵抗があります。

みんなが「今」を維持しようとしていたのです。

自粛によって、人と会ったり、旅ができなくなり、変化を遮断されて、家の中での反復を余儀なくされました。

すると、それまで「変化はイヤだ」と言っていた人が、今度は「反復はイヤだ」と言い始めました。

ないものねだりの人の情です。

変化を嫌っていたんだから、日常生活の反復を楽しめばいいのです。

「変化を楽しめる人」と「反復を楽しめる人」の2通りがいるのではありません。

変化を楽しめる人は、反復も楽しめます。

変化を楽しめない人は、反復も楽しめません。

どちらかの楽しみに趣味が分かれるわけではないのです。

どちらも楽しんだ方がいいです。

外に出て大きな変化ができないなら、日常生活で朝から晩まで単調な生活を強いられていることに文句を言うより、反復を楽しむことです。

入社して3年ぐらいたつと、同じ仕事の反復になります。

そこで「単調で退屈だからほかの仕事に変わりたい」と言う人は、ほかの仕事に移っても、3年ぐらいでひと通り覚えて「単調でつまらない」と、どんどん仕事を変えます。

結局、何も変化していなくて、反復の楽しみ方も知らないのです。

モノづくりをする人間は、変化をつくっています。

モノづくりの仕事はひたすら反復作業です。

同じことをいつまでも繰り返すことができるのがモノづくりをする人間の1つの特性です。

私は反復作業が嫌いではありません。

反復を続けると、反復の中に微差が生まれます。

そこから変化を生み出していく喜びがあるからです。

「たこ焼きを毎日焼いているおじさんは退屈じゃないの」と思うのは、焼いていない人の見方です。

1日何千個、何万個焼いても、1つとして同じたこ焼きは焼けません。

常に「どうしたら自分の納得いくたこ焼きを焼けるか」というチャレンジをしています。

反復作業をすることによって、より変化を生み出せるのです。

「自粛で外に出られなくて、元気なくなってないですか」と声をかけられても、私の中ではふだんの生活とまったく変わりません。

原稿を書くという仕事をしていると、自粛中かどうかに関わらず楽しむことができます。

出かけていって初めての体験をすることも楽しめて、反復作業も楽しめると、両方を味わえます。

反復を強いられている時は、反復によって微差を生み出していく。

同じものが2つないという変化を味わうことができます。

そうすると、**変化できるチャンスを与えられた時に、より大きな変化を生み出したり、変化を楽しむことができるのです。**

「不安」を「ワクワク」に変える

08

「反復の中の変化」を楽しもう。

09

自然は、大昔から、ソーシャル・ディスタンス。

「ソーシャル・ディスタンス」という言葉はネガティブにとらえられがちです。

ネット環境の中でも人と近づくツールがたくさん生まれました。

人と近づくことによって炎上というストレスが生まれました。

近づきたくて近づいたのに、そこに炎上というストレスを生み出した。

ソーシャル・ディスタンスをとる必要がある状況が生まれたのは、「今近づき過ぎたから、一回距離をとってみよう」というアドバイスをもらったのです。

会社の中で「人間関係がしんどい」と言う人は、人間嫌いの人ではありません。

上司や同僚や部下と、もっと近づこうとして、近づきすぎているだけです。

人好きな人ほど、人間関係に苦しみます。

人と距離感をとれるタイプの人は、人間関係に対してどこかいいかげんで、客観的なところがあります。人間関係に悩んで会社を辞めることはありません。

自然の中に行くと癒やされるのは、人でギューギューになっていないからです。

自然の中は大昔からソーシャル・ディスタンスが保たれています。

木は適度な距離を持って育ちます。

最初に一番大きい木から枯れていきます。

一番大きい木の日陰になると、ほかの木が育ちません。

大きい木が枯れることによって、その森の木が全滅しないですむようになるのです。

たくさん木を植えようと間隔を狭めてしまうと、結果として、その山の木は育たなくなります。

ある独裁国家が農産物の収益を上げようとして、専門家の意見を聞かずに「田んぼに3倍植える」という政策をとって、結局、全部枯れて収穫がゼロになりました。

ソーシャル・ディスタンスは、ネイチャー・ディスタンスと同じです。

自然界では、お互いが適度な距離をとっているのが普通です。

文明社会は密集化です。

より効率がいいところへどんどん近づき、一方で過疎が進んでいたので、もう1回、それぞれ適正な生物の快適な距離へ戻せばいいのです。

人が集まっているところに行こうとするよりは、お互いが距離を取り合います。休みも土日に集中したり、お盆やお正月などいっときに集中するのではなく、分散するヒントをソーシャル・ディスタンスが与えてくれています。

ソーシャル・ディスタンスは、仕方ないからするのではなく、美意識のアイデアとして考えればいいのです。

人間が自然と共存していくために生み出された、大昔からあるエコでサステナブルな考え方を教えてくれているのです。

「不安」を「ワクワク」に変える

09

自然の中に、行こう。

10 距離を置くことで、仲よくなれる。

私の秘書室もテレワークのために、月・水・金の勤務になりました。

私は秘書室のスタッフに「意外に不具合がないから、宣言が明けてもこのままいこうか」と提案をしました。

すると、秘書チームは逆の感覚でいました。

「家にずっといるよりは、みんなで集まって話す時間が欲しい」と言われて、意外でした。

「テレワークなら通勤のストレスもなく、時間も奪われないから、みんなも望んでいるだろうな」と考えたことが、実際は逆だったのです。

一度テレワークを体験したことで、週5日の勤務でなくてもいいことに気づきました。

それだけでなく、通勤のデメリットを考えても、人と会うことは大切だと気づかせてもらったのです。

私は予備校から東京に来ました。

2歳年下の妹は高校生でした。

そのころ、妹は高校生によくありがちな状況で、かまいすぎる親とケンカしていました。

私は、離れて暮らすことによって、以前よりも親と仲よくなりました。

私も高校時代は親とぶつかったこともありました。

東京に来て離れて暮らしていると、以前より電話での会話が増えました。

家にいる時はそれほど話さない親でも、離れて暮らしてみると会話が増えるのです。

私は妹に「今こんなに文句言っているのは近いからで、そのうち離れて暮らすようになれば仲よくなるから」と、アドバイスしました。

親にもそう伝えました。

その後、妹も親と離れて仲よくなりました。

距離を置くことは、お互いが仲よくなるキッカケになります。

夫婦ゲンカをして、「いつ別れようか。でも、子どもがもう少し大きくなるまでは……」と離婚の危機にあった夫婦が、旦那さんに転勤辞令が出て単身赴任をしたら急に仲よくなったという事例もあります。

ディスタンスをとることによって人とのつながりに、よりありがたみを感じられるようになりました。

経営者の人たちから一番多かった相談は、「社員が挨拶ができない」という悩みでした。

面白いことに、昔からある会社ではなく、ベンチャー企業の社長からもです。

「中谷さん、どうやって社員に挨拶させたらいいですか。隣の人間が挨拶をメールで送ってくるんですよ」と相談されました。

テレワークになったことで、逆にコミュニケーションの量が増えている場合もあります。

「1日8時間、週5日も勤務する必要があったんだろうか」→**「いろんな働き方があっていいんじゃないか」→「いろんな人材がいていいんじゃないか」という考えも生まれました。**

世の中が大きく転換するものの考え方のキッカケを与えてもらえたのです。

「不安」を「ワクワク」に変える

10

距離を置くことで、ありがたみに気づこう。

2章

うまくいかなくても、
ワクワクしよう。

11

天気は、自分で決めることができない。種は、自分で蒔くことができる。

「自粛の間、することが何もなくて不安」と言う人がいます。
人間は、することがないと一番不安になるのです。
刑務所の中では懲役刑と禁固刑に分かれます。
重罪になると禁固刑で、しんどいです。
刑務所の中で希望を出して模範囚でいると、労働もさせてもらえます。
幸福感は、時間の考え方にあります。

1日することがなくて、じっとしていなければならなくなった時に、時間の流れが遅くなります。
たとえば、釣りは好きな人と嫌いな人に分かれます。

釣りが好きな人は、することがたくさんあって忙しいです。

「退屈じゃないですか」と聞く人は、何をしていいかわからなくて、することがないから退屈だと思うのです。

私は海外旅行に行く人に、豪華客船を勧めていました。

自分で楽しめる人は豪華客船の中で忙しいです。

自分で楽しみを生み出せない人は、退屈になってしまうのです。

大洋を越えている時は、1週間ぐらいどこの島にも寄りません。

それでも、船の中でいろいろなイベントやセミナーに参加して楽しんでいる人は忙しくてしようがありません。

「中谷さん、ゆっくりできていいですね」と聞かれますが、自粛期間の方がむしろ前より忙しくなりました。

私の祖父は、晩年、農業をしていました。

種を蒔く仕事は、家の中にいてもずっとできる作業です。

農業には、「種」と「天候」という要素があります。

天候は自分で操作できません。

寒い夏が来たり、まったく雨が降らなかったりというのは地球の都合です。

天候は操作性がないので、悩んでも仕方がありません。

種を蒔くという仕事は、自分で完全にコントロールできるのでどんな時でも蒔き続けられます。

種を蒔くことがモノをつくっていく人間にとって、大切なことです。

種を蒔き続けていると、忙しくて不安を感じているヒマがありません。

外に出られない時期は、勉強したり、新しいことを考える時間が増えます。

自分でコントロールできない天気のことは考えなくていいのです。

自粛期間中こそ、種を蒔く時期です。

「いつ終わるんですか」と聞く人は、終わったら種を蒔こうとしています。

いつでも種を蒔いている人は、「もう少し蒔かせてほしい」という気持ちでいます。

「早く終わってほしい」とは何も考えていないのです。

「不安」を「ワクワク」に変える

11

天気に悩まず、種を蒔き続けよう。

12 イヤなことから逃げないことで、耐性力をつけている。

ワクワクできる人は、待ち上手な人です。浪人時代は待ち方を学ぶ時代です。

私は2年間、浪人生活をしました。

自粛は、浪人時代に似ています。

来年も受験が控えていると、好きな本を読めない、映画も観られない、デートもできないというストイックな生活を求められます。

その体験をした私にとっては、自粛は苦痛ではありません。

現役で大学受験に合格した人は、浪人時代の「待て」をされているような自粛がしんどくなります。

浪人する人はどんどん少なくなってきましたが、戦争経験をした人は自粛でも強いです。

耐えなければいけない時期を体験している人は、次に耐えなければいけない出来事が起きた時に「前もこうして乗り越えたらからいける」と考えられます。

初めて耐える体験をした人は、この体験は後々自慢できます。

パンデミックという100年に1回の体験をしているからです。

私の親世代は、子どもの時に戦争を体験していました。

親子ゲンカをした時に「おまえたちは戦争を知らないだろう」と言われると、太刀打ちできません。

次の世代に「君たちは、世の中全員がマスクしていた時代を知らないだろう」と言えます。

自粛は受験の時期と同じです。

受験勉強は、短期間に多くの基本的な知識を入れるというメリットがあります。

誰だって遊びたいし、外でスポーツしたり、好きな本を読んだり、ゲームしている方が楽しいです。

暗記物を勉強するような耐性力をつけてくれます。

受験勉強はイヤなことから逃げない力をつけることができます。

受験勉強でガマン強くなる体験をしていたのです。

世の中全体が、いい意味でも悪い意味でも「好きなことをしなさい」となってきたわけです。

これは外国から入ってきた1つの文化です。

会社をつくってきた上の世代にアドバイスを求めると、「オレは好きなことだけしてきたよ」と言われます。

実際は、この言葉には下の句が抜けているのです。

成功した人が「好きなことだけしていればいい」と書いた本を読んで、「そうか、なるほど」と表面的に解釈する人がいます。

そうすると、「今自分がしていることでイヤなこととぶつかった」→「でも、あの成功している人は好きなことだけしてきたと言っているから、自分はこのイヤなことから逃げよう。それは間違っていない」という考え方になってしまいます。

これは、先輩の成功者のアドバイスの隠れた下の句を聞き逃しています。

本当は、「好きなことをするためなら、イヤなことでも平気でできる」というのが下の句にあるのです。

どんな仕事をしようが、イヤなことやイヤな人は出てきます。

「どんなイヤなことでも、イヤなヤツでも、好きなことのためなら平気でできる」というのが、「好きなことを仕事に選びなさい」という言葉の本当の意味です。

ガマンを強いられる時は「好きなことをするためにこのガマンを引き受けていこう」と、耐性力をつけることです。

諦めないで粘り強く、イヤなことから逃げない力をつける時期だと考えます。

そうすれば、自粛の期間にも意味が生まれるのです。

「不安」を「ワクワク」に変える

12

イヤなことから、逃げない。

13

料理よりも、人に興味を持つ。

モノに興味がある人は、ワクワク感が足りません。

モノには、物語がないからです。

物語には、人が登場します。

「中谷さんはホテルの仕事をしているから、どこのホテルに行けばいいですか」と聞かれることがあります。

素晴らしい建物のホテルもあれば、おいしい料理のあるホテルもあります。

私は「○○ホテルに△△さんという人がいるから、会って話をするといいですよ」とアドバイスします。

私の中では、ホテルではなく、ホテルマンや旅館のご主人に会いに行くためにそこのホテルや旅館に行くという順番で考えます。

ここに物語が生まれるのです。

京都の福知山線に乗っていると、向かいに座っている2人組が、話していました。

「○○というラーメン屋知ってる?」

「おいしいの?」

「普通」

「量が多いの?　何なの?」

「すべて普通なんだけど、そこのご主人が阪神ファンなんだ。もともと埼玉にいたんだけど、甲子園で阪神の試合を観たいから、はやっていたお店を畳んで引越してきて、甲子園で試合がある時は毎日行っている人なんだよ」

「その店、行きたいな」

というやりとりをしていました。

「そんな人がつくるラーメンはなんなんだ」という興味が湧きます。

ラーメンのレシピを味わうというより、「阪神の試合を観るために引越す主人」というダシを味わたくなるのです。

私は、その話を気になって聞いていました。

その店は、ラーメンの味に関係なく流行ります。

阪神地区に住んでいたわけではなく、流行っていた埼玉の店を畳んで、わざわざ移動してきた人の人生を味わいに行きます。

「有名な星がついているレストランに行ってきました」と言う人に、「どんな人がやっているの？」と聞くと、「どんな人かは知らないけど、料理はおいしかったです」と言われることがあります。

それよりは、どんな人がつくっているのかを知ることの方が常にワクワク感があります。

人間の興味は、

① モノに興味がある人

② 人に興味がある人

の2通りがあります。

私は「それを誰がしているのか」ということに興味があります。

ノートをつくる時も、ルーズリーフのタイトルは、テーマではなく人名にしています。

インデックスも、その人の個人名をつけます。

たとえば、コンシェルジュという役職は、そこに「○○さん」という人間がいます。

物語は、人間にあります。

コンシェルジュという役職に物語はありません。

AさんとBさんの2人のコンシェルジュには、それぞれ違う物語があります。

一人一人の物語に興味を持つのです。

「不安」を「ワクワク」に変える

13

レストランのスタッフと、友だちになりに行こう。

14

スマホを見たくなる瞬間に、目の前に出会いがある。

ワクワクに出会うチャンスは、スマホを見たくなる瞬間です。

スマホを見たくなる瞬間にスマホを見てしまうと、目の前にある出会いをスルーしてしまいます。

塾生が本屋さんで、ある本を注文しました。

店員さんが「少々お待ちください」と言って、その本を倉庫に取りに行きました。

以前の彼女ならスマホを見て待っていました。

彼女は、私に「スマホを見ている瞬間に目の前を出会いが通り過ぎる」と言われたことを思い出し、見かけたスマホをポケットにしまいました。

ふとフィリップ・ワイズベッカーのフライヤーを見つけました。

スマホを見ていたら、目の前にある自分が好きなデザイナーの展覧会を危うく見逃すところでした。

銀座の和光の前でも、3・11の2時46分の時計に出会えるところで、多くの人は信号の1分にも満たない待ち時間を耐えられなくて、スマホに目線が行きます。

その結果、道端の花やアート作品にも気づくチャンスを逃します。

書店のカウンターはチャンスのチラシに溢れています。

せっかくのチラシとの出会いをつかめるかどうかでワクワクが変わってくるのです。

「不安」を「ワクワク」に変える

14

書店のレジで、チラシを見よう。

15

知識が、知識につながってくる。アイデアとは、つなげることだ。

私が中谷塾の生徒を美術館や神社・お寺・庭園・ホテルに連れて行って解説すると、

「そんなことはカタログやネットに1つも出てこない」と聞かれます。

私は、ネットを見ればわかるというレベルの話はしません。

まったく関係ないところで読んでいる本が、場所によってつながってくるだけです。

「知識を集めようとしているんですか」と聞く人に、私は「集めようとはしていない。**むしろ知識の方が勝手に寄ってくる**」と答えました。

知識は、知識が好きなのです。

知識は、常に足を伸ばしてつながろうとします。

関係ない知識をたくさん持っていると、「順番だから、ちょっと待って」と言いたくなります。

離れているところにある知識が足を伸ばしてアメーバのようにどんどんつながります。

「そんなことをして何になるの？」と思われるようなことまで、関係ない知識がどんどん増えています。

2年も浪人したのは、テストに出ないことばかり興味を持ってしていたからです。

これは受験的には、失敗です。

「今これを理解したら何かメリットがあるか」ということをまったく考えない。

「テストに出ないこと」や、「仕事に関係ないこと」は面白いです。

浪人中に、受験に役立たないことを勉強する習慣がついたことはよかったです。

知識が増えない人は、「これは仕事に関係あるから勉強する」「これは関係ない」と分けて、関係のあることばかり勉強しようとします。

誰もが知っていることしか知らない状態です。

それでは、世の中で空中で飛びまわっている知識が自分のところにつながりを求めてやって来きません。

対談で面白いのは、いつものその人の自説ではありません。

今までどこにも話していないことです。

化学反応を起こして新たなアイデアが出てくる瞬間です。

私はＴＶの対談番組が好きです。

面白い回は、相手の話に刺激を受けて、新たな何かを言い始めた時です。

イマイチ面白くないのは、いつも話している内容しか言わない時です。

それなら対談である必要はありません。

これは本も同じです。

ワクワクするのは、「これ、テストに絶対出ないよね」という内容を勉強した時です。

私は中谷塾で授業をする時も、「これはテストに出ないから。これを知っていて何になるのと言われるけど、それが一番面白いんだよ」と話します。

所ジョージさんの『世田谷ベース』に行くと、たいていの人は感動します。

2回目に来た人が、「前回来て、凄い勉強になったから」と言うと、所ジョージさんが「ダメダメ。ここで勉強されちゃ困る。勉強にならないからここは面白いんだから。勉強になったら面白くないじゃん」と笑っていました。

所さんも、役に立たないことを楽しんでいるのです。

自粛の間、「明日が不安です。今何をしておけばいいですか」と聞く人は、「何をすれば役に立つか」と考えています。

先述の種蒔きと同じで、役に立つかどうかは考えないで、面白いと思うことをすればいいのです。

役に立たないことをあえてするのではありません。

そもそも「役に立つかどうか」という発想をせずにしていることが大切なのです。

「不安」を「ワクワク」に変える

15

仕事に関係ない知識を増やそう。

16 うぬぼれより、自己肯定感を持つ。

成長に大切なのは「明日」という発想です。

「自己肯定感を持ちましょう」と言うと、「社員に自己肯定感を持たせると、うぬぼれになってしまいませんか」と心配する経営者がいます。

会社の中には、

① 上級者
② 中級者
③ 初級者

という3つの層になっています。

うぬぼれを感じやすいのは、中級者です。

初級者と上級者のマインドはよく似ています。

中級者はそこそこできます。

上級者は常に向上心を持っています。

会社でも現場のスタッフと経営者は危機感を持っていても、真ん中の中間管理職は一番危機感を持ちにくいところです。

「大変だ、大変だ」と言うわりには、自己変革をあまり起こしません。

世の中がどんなに変革しようとも、前のものにしがみつこうとします。

中間管理職の中には、しがみつかない面白い人はたくさんいます。

しがみつく中間管理職が、ワクワクしないのです。

ここにうぬぼれがあるのです。

うぬぼれは、「私はもうできている。だからもういい」と考えることです。

それに対して自己肯定感は、**「私はもうできている。明日はもっとうまくできる」**と考えることです。

「私はもうできている」という達成感を感じないと不安になります。
「明日はもっとうまくすることができる」という自己効力感が明日へのワクワク感につながるのです。

「不安」を「ワクワク」に変える

16

「明日は、もっとうまくできる」と考えよう。

17

砂漠でラクダに乗って死ぬためには、交渉力とラクダの乗り方を学ぶ必要がある。

春間豪太郎さんは、抜群の記憶力がありました。

人並優れた能力のある人は、人間関係や親子関係がうまくいかなくなったりすることが多いです。

学校では特殊な能力のある子は、いじめに遭います。

春間さんは虫が好きで、虫をずっと眺めていることで、みんなと一緒に行動ができなくなります。

私も同じような体験がありました。

保育園の遠足で神戸の王子動物園に行った時のことです。

私は、亀の檻のところで、亀が動かないので「死んでいるんじゃないか」と心配してずっと見ていました。

やっと亀が動いた瞬間に、「生きてたよ」とみんなに言おうとしたら、みんなは移動していなくなっていました。

動物園の中なので、はぐれても呼び出しをかけて無事に合流することができました。

豪太郎さんは、中学生の時に、お母さんに認めてもらいたくて、大学受験用の古文単語集を暗唱したら「気持ち悪い」と言われてしまい、生きている価値がないと思って死のうと思ったそうです。

片道切符を持って、貯金もなくアメリカに行きました。

1カ月は野宿しました。

通常、野宿では生き延びられません。

本人は死のうと思っているので、怖いものなしです。

行く前は英語がまったくできなかったのに、1カ月野宿している間に英語ができるようになりました。

最後、なけなしのお金で安いモーテルに泊まった時に、「そうだ、砂漠でラクダに乗って死のう」という考えが浮かびました。

これは物語的なイメージです。

マンガ家の中尊寺ゆつこさんの若くして亡くなったお葬式に、ラクダに乗りながら振り返って手を振る姿の写真が飾られていました。

私の中では、ゆつこさんは「じゃ、行ってくるね」と砂漠の向こうへ行って行方不明のまま、いまだに生きているようなイメージが残っています。

日本に帰ってきた豪太郎さんは、エジプトに行きました。

死にたいと言っている割には、凄い行動力です。

エジプトに行くと、ラクダに乗って死ぬために、ラクダ飼いに弟子入りしました。

エジプトの気温は40度以上の世界です。

3週間修業しているうちに熱中症になって、日本に帰ってきました。

その時、「砂漠でラクダに乗って死ぬために、今の自分には3つの力が欠落している」と考えました。

1つは、交渉力です。

ラクダを売っているおじさんは現地の商売人なので、うまく交渉できないと困ります。

次に、ラクダを手なずけるために、動物の飼い方を覚える必要があります。

そして、何よりも40度でも熱中症で死なない体力をつけなければなりません。

死のうとしている人がこれらを考えるのは面白いです。

それでも、本人は納得できる死に方をしたいので体を鍛えました。

この後も豪太郎さんの物語は続いています。

たとえ死にたいと思っても、どんな死に方でもいいということはありません。

人間は、自分の納得できる形で死にたいと考えます。

死ぬために体力・交渉力・動物の飼い方を覚える必要がある時は、「それを身につけてから死ねばいい」と考えると、明日に対してワクワクできます。

その後、豪太郎さんは冒険家になりました。

「冒険で死にたいから、年をとっても冒険をしたい。体の一部が使えなくなったら、サイボーグにすればいいんだ。そのためにはロボット工学を勉強しなければ」と、30歳の彼は筑波大学のロボット工学部に入学しました。

面白いのは、すべて死ぬためにしていることです。

これも明日に対してワクワクすることです。

なんのためであっても、今身につけておかなければならない何かを学んでいる間、その人は不安を感じているヒマがありません。

不安を感じるヒマがなくなるように熱中するものをどう見つけるかが大切なのです。

「不安」を「ワクワク」に変える

17

納得できる死に方をするために、体を鍛えよう。

18

みんなと同じでは、稼げない時代になった。みんなと違うことで、稼ぐ。

20世紀の産業革命以降の日本の戦後教育は、みんなと同じであることをよしとして、違っていることをダメとする考え方でした。

私が『面接の達人』を書いた時代に面接は変わりました。

それまでの面接では、学生運動をしていないことをアピールするためにはみんなと同じことを言わなければなりませんでした。

やがて１００分の１に入るための面接は、みんなと違うことをいかに言うかが大切になりました。

今では、みんなと同じでは稼げないということに誰もが気づき始めました。

生き延びるためには、みんなと違うことをして「その人でなければできない」という付加価値を生むことです。

みんなと違うことは、恥ずかしいことではありません。

むしろ、それが生き延びる方法です。

本来は多様性を生み出さなければならないのに、情報化社会は小さいタコツボをたくさん生み出します。

同じ価値観の者同士が世界中から集まれるのがネット社会です。

価値観の同じ人たちだけで集まっても、１００％同じという人はいません。

99％は同じでも、たった１％の違いが目立って、急に仲が悪くなってしまいます。

共通点が１％しかない人たちが集まると、その１％の共通点がうれしくて仲よくなれます。

最初から「この人はまったく違うのに」というところから始まっている方が、人との出会いが生まれるのです。

海外に籍のある豪華客船には、日本人はほとんど乗っていません。

乗っているお客様が１０００人いるうち、日本人は10人ぐらいです。

夜になるとバーに集まってきて、みんながカラオケのように歌を歌います。

曲がない場合はアカペラで歌います。

ある時、外国人の女性が歌っている曲が平山みきさんの「真夏の出来事」によく似ていました。

日本語のできない外国人が日本語っぽく歌っている可能性もあります。

当時、日本で流行っていた曲は、アメリカのポップスをアレンジしたものが多くありました。

「アメリカのポップスと似ているんだな」と思っていると、どう聴いても完全に「真夏の出来事」なのです。

歌っている外国の女性が途中で歌詞を思い出せなくなりました。

私がその後を継いだら、向こうが「なんで知ってるの？」とビックリしていました。

私は子どもの時に聴いていた曲です。

私が「なぜ外国人のあなたがこの歌を知っているの？」と聞くと、「これが好きなんだ」と言っていました。

まったく違う人同士が1％の共通点で仲よくなれるのです。

価値観が同じだから仲よくなれるというのは、逆です。

価値観が同じで近づいていったカップルは、価値観のズレで別れます。

初めから価値観の全く違う人同士が出会うことによって、意外な共通点を見出した時に面白さが生まれるのです。

「不安」を「ワクワク」に変える

18

きちんとヘンなところを、持とう。

19

忍耐力とは、「やってみよう」と思うことだ。

「前にうまくいかなかったから、もう二度とあれをしたくない」と考える人は、忍耐力がありません。

やれるかどうかより、「やってみよう」という気持ちになれるかどうかです。

新しい生活が始まったら、「家から出てみよう」「テレワークしてみよう」「ウェブ会議をしてみよう」と、失敗してもいいからとりあえずしてみることです。

人は、

①**「やれるかどうか」と考える人**

②**「やってみよう」と考える人**

の2通りに分かれます。

「やってみよう」から「それをするためにはどうしたらいいか」という次のアイデアが生まれます。

やれるかどうかというジャッジの判断にいくと、工夫が生まれません。

会社で企画書を見た時に、うまくいくかどうかという判断では、その企画書から新しいものや、ワクワクを何も生み出しません。

企画書を見た時は、「これをするにはどうしたらいいか」と常に考えます。

部下や上司に対しても「それ、やれるの、やれないの？」と言うのではなく、「それをするにはどうしたらいいと思う？」と聞くチームがワクワクを生み出していけるのです。

「不安」を「ワクワク」に変える

19

「やれるかどうか」より、「やってみよう」。

20

知識を教えるのが、先生。楽しみに巻き込むのが、師匠。

ワクワクしている人は、師匠を持っています。

何かを教わる相手は、

① 先生

② 師匠

の2通りがあります。

上司も、「先生的な人」と「師匠的な人」とに分かれます。

知識のある人が「ユーチューブで有料の授業をしたり、無料でもアクセス数を稼ごうと考えてユーチューブで動画をつくっているんですけど、再生回数が伸びない」と悩んでいました。

動画を観てみると、たしかにいいことを言っているし、きちんとしていてわかりやすいのです。

ただ、次のコマを観ようかなという気持ちにはなれないのです。

それは、その人が楽しんでいないからです。

所ジョージさんは、自分自身が楽しんでいます。

まじめな人は、自分が楽しまないで、人を楽しませようとします。

自分が楽しんでいないのに、人を楽しませることに必死になる人は、観ている側も楽しめません。

人を巻き込んでいける人は、自分がまず楽しみます。

それを観た人が、「この人は楽しそうにしているから、何か面白いことをしているのかな」と巻き込まれます。

コンテンツや伝え方のレベル以前に、まず本人が楽しんでいるかどうかが大切です。

たとえば、私の講演の感想では、「楽しかったですけど、先生が一番楽しそうでした」

と書かれます。

私はいつも「こんなに面白いものをみんなに伝えたい」と思うから楽しんで話しています。

事前に「明日、授業でこんなことをするよ」とメールしました。

建築が好きな参加者に、「好きなテーマだからきっと面白いと思うよ」というメールを送ると、「すでに先生が楽しそう」と、返信が来ました。

自分がそのことを楽しみたいと思ったら、楽しんでいる人を師匠にすることです。

そうすると、自動的に自分も楽しめます。

コンテンツだけを求めて、楽しませようと必死な人たちだけについていこうとすると、自分も楽しめません。

動画で再生回数を増やそうと思うなら、まず本人が楽しむことです。

現代アーティストも同じです。

現代アートと粗大ゴミの境目は、きわめてあやふやです。

「面白いね」と言う人が1人でも出てくると、現代アートになります。

つくっているアーティストだけが面白いのは、まだアートになりえていません。

粗大ゴミのように、引き取ってもらうのに料金が発生します。

現代アートは、誰もいないところでどう楽しむかが勝負です。

ストリートミュージシャンも、みんなに聴いてもらえなくても楽しんでいると、遠くを歩いている人が毎日聴くようになります。

やがて多くの人に聴いてもらえるようになります。

私は、商店街なら**「商店街のシャッターを泣かせてごらん」**とアドバイスします。

柳が咲いているなら**「柳を泣かせてみせようよ」**とアドバイスします。

そういうことをしている人の音楽を聴きたくなります。

人が来たら演奏して、離れていくと演奏をやめるというのでは、人は集まってきません。

師匠を選ぶ時は、そのことに対してスペシャリストか、権威があるかどうかより、楽しんでいるかどうかを基準にすればいいのです。

「不安」を「ワクワク」に変える

20

楽しんでいる人を、師匠にしよう。

21

私欲は、持っていい。振りまわされなければ、いい。

欲望を否定していくと、どんどんつまらなくなります。

「将来、有名になりたい」「お金持ちになりたい」という欲を道徳で否定しないことです。

私は高校の時に空手部でした。

空手部に入って続く人の初期モチベーションは「モテたい」が圧倒的に多いです。

街でデートしている時にヤンキーに絡まれてみっともないことになったのです。

「二度とそんな思いをしないように、絡まれた時でも平気でいられるようになりたい」というのも、モテたいの裏返しです。

こういう人は、いざ練習になると、痛くても、しんどくても、忍耐が必要な段階を乗り越えられます。

会社を立ち上げる時も、「有名になりたい」「お金持ちになりたい」「モテモテになりたい」「豪華な暮らしをしたい」という欲があるのはいいのです。

自分が私欲を持つのはいいのです。

あるところから私欲に振りまわされる人が出てきます。

主従関係で、自分が私欲の手下になってしまうのがよくないのです。

まず、どんな私欲も否定しないことです。

振りまわされなければ、その私欲は物理的なものから精神的なものへ昇華します。

空手部に入ってきた人間も、最初はモテたいと思っていたのに、練習しているうちに、いつの間にか精神的なところに勝手に昇華します。

そうなった時にずっと続いていくのです。

「不安」を「ワクワク」に変える

21

私欲を、振りまわそう。

3章

「人と違う」ということにワクワクしよう。

22

頼まれてもいない仕事を、考えるのが、当事者意識だ。

ワクワクできるのは、当事者意識があるということです。

他人ごとでは、ワクワクできません。


記憶力も、「覚えられない」と言う人は当事者意識がないのです。

自分が好きな女性の電話番号やアドレスを忘れないのは、その女性のことが好きだという当事者意識があるからです。

歴史の年号が覚えられないのは、歴史上の人物とつきあうわけではないので、当事者意識がまったくないからです。

いろいろな制約がある中でワクワクするには、当事者意識を持つことです。

商業施設のプロデュースをしている柴田陽子さんにスタッフがお弁当を買ってきてくれました。

八百屋さんが、お客様が減っているので手づくりで売っていたお弁当です。

普通なら「おいしそう」で終わるところを、柴田陽子さんは、

「これ、いくら？」

「５８０円でした」

「八百屋さんで、これはどれぐらい売れてるんだろう」

「見ていた感じだと30個は売れてますね」

「原価いくらぐらいかな」

とどんどん考えて、自分がやろうとしています。

企画を考える人は、常に当事者意識を持ちます。

「自分がもし八百屋さんとコラボしてお弁当をつくったらどうなるか」と発想するから、原価を考えるわけです。

当事者意識は、常にお金と結びついていきます。

５８０円のお弁当は売れても１００個以下とした時に、「商いとしては小さいな」

と考えるのではなく、柴田さんは「これって、ついで買いはあるの？」と聞きました。

ここが大切なところです。

そのお弁当を買った人がついでに野菜を買って自炊していたら、売れなかったはずの野菜が売れます。

「お弁当で稼がなくても、ついで買いの野菜が売れれば、コンビニと同じ原理で収益が上がるから、それはビジネスモデルになる」というのは、当事者意識の考え方です。

お弁当がおいしいかどうかという議論で終わるのは、当事者意識がありません。

ギャンブルでは、親と子に分かれます。

子になると限界があります。

親の方が当事者意識が生まれて圧倒的に面白いのです。

「不安」を「ワクワク」に変える

22

当事者意識になろう。

23
世の中と、うまくやれていない人が、次の時代をつくる。

「今、自分は世の中とうまくやれていない。面白くない」と感じる人は、「自分には未来永劫チャンスはない」と思い込みがちです。

世の中はどんどん動いています。

麻雀と同じで、親がどんどん変わるし、風も変わります。

今うまくいっていないということは、時代が変わったら、次の世の中でうまくいく側にまわります。

私はこれをアメリカで一番感じました。

まず東京に出てきた時に、大阪でうまくやっていた人間は東京でうまくいきません。

押し出しが強すぎるからです。

大阪でうまくいかなかった人間は、東京でうまくいきます。

大阪出身の人が東京に来て、「あいつ、セルフプロモーションが強すぎて、東京には向かない。大阪の人ってしゃしゃり出てくるよね」と言われてうまくいかなかった時は、アメリカに行くとうまくいくのです。

普通の日本人はおとなしすぎて前に出ていけません。

アメリカでは前に出ていった人間の勝ちになります。

東京でうまくいかなかった関西人が、今度はアメリカでうまくいくのです。

今うまくいかないから未来永劫うまくいかないということはありません。

今うまくいかなければいかないほど、時代が変わった時に自分にチャンスがやってくるということです。

苦手なことを捨てたり、直すのは損です。

今日の苦手なことは、明日のチャンスになります。

通常、苦手なことがあると恥ずかしいと思って隠したり、矯正しようとします。

矯正する必要はまったくありません。

「不安」を「ワクワク」に変える

23

苦手なことを、恥としない。

苦手なことは、その人の個性なのです。

私は自動販売機が苦手です。

自動販売機で後ろに人が並ばれると、頼みたくないモノを押してしまいます。

私自身は、人から言われるまでそのことに気づきませんでした。

「自動販売機、苦手ですよね」と言われて、「後ろに人が並ばれると焦って、焦って押しちゃうんだよね」と初めて気づきました。

自動販売機がスルスル押せるようになると、私の個性がなくなります。

自動販売機の中でも得意なものと不得意なものがあります。

自分のクリエイティブの中に何か関係があると思い、自動販売機が苦手なことは私の1つの個性として残したままにしているのです。

24

待ち時間は、「もっとこうしたらいいのに」を考える時間だ。

オンラインの中谷塾をする時は、集まってきた人はどんどん入室してもらって開始時間前から雑談をしています。

外部の企業の講演に行った時は「20分前に入ってください」と言われたので、そのとおりにしました。

すると、事務局の人が何も話してくれないのです。

画面が映っていて、音声も通じたまま、ずっと待っている状態です。

通常、イラッとしそうなところです。

私はせっかちなので、「この時間はもったいないから、もっとこうしたらいいのに」というアイデアをその20分間でいくつ思いつけるか考え始めました。

「もっとこうしたらいいのに」と考える時間にするのが、待ち時間で退屈しない方法

です。

「これ、もっとこうしたらいいのに」と考え始めた瞬間から観察が始まります。

観察は、仮説がないとできません。

「こうじゃないか」という仮説があるから、「ほら、あった」と見つかるのです。

待ち時間でイラッとする瞬間がたくさんあります。

制限がいろいろ加えられている時期は、待ち時間を与えられているのです。

そういう時は「これ、もっとこうしたらいいのに」というシンキングタイムを与えてもらっていると考えることでワクワクできるのです。

「不安」を「ワクワク」に変える

24

考えることで、観察を始めよう。

25

説明より、発見に行くガイドさんが、人気が出る。

観光ガイドさんで人気のある人は、その人が楽しんでガイドしている人です。

知識の多い・少ないは関係ありません。

知識が多くてキャリアも長いのに、人気のないガイドさんもいます。

知識の多いガイドさんは、現場で何を聞かれても答えられます。

ということは、そこに新たな発見を何もしていないのです。

知識の少ないガイドさんは、「ここにこんなものができたんだ」という新たな発見を楽しんでいます。

そういうガイドさんが人気のあるガイドさんになるのです。

知識があった上で、新たな発見があるのがベストです。

知識があると、「あ、前と変わったな」ということがわかります。

それが知恵です。

「私はそれを知っている。だから見なくても大丈夫」というのは、中途はんぱな知識です。

その人はいつの間にか前の知識でモノを見るようになって、変化を感じられなくなるのです。

美術館では、チケットを買って、入り口に入るまでに展示物があります。

私はこれを見ただけで興奮して、みんなに解説しまくりました。

塾生は「また先生はここで興奮しちゃっている。いつ中に入るんだろう」と思っています。

そのころには私のチケットはなくなっています。

興奮して説明しているうちに、どこのポケットに入れたかわからなくなって、もう一回チケットを買い直すという事態になるのです。

中に入ってからポケットに手を入れると、最初に買ったチケットが出てきて、「ここにあった」ということになります。

そのぐらい何かを見て発見があるとワクワクが生まれるのです。

ガイドさんも師匠も、案内人は日々新たな発見をしています。

それは「旅」と「旅行」との違いです。

旅行は予定どおりに展開します。

旅は、何回も行ったところでも今まで知らなかった新たな発見ができるのです。

「不安」を「ワクワク」に変える

25

目的地以外のところで、発見しよう。

26

「つながっている」と感じると、役立ち感になる。

オーケストラで、シンバルがラストに一回しか鳴らない曲はたくさんあります。

10分も20分もある曲の中で、シンバル担当はほとんど出番がありません。

ここで「自分は必要なのかな」と思うと、面白くなくなります。

「曲の間、自分はつながっている」と感じた時に、役立ち感を感じるのです。

明日が楽しいのは、自分に何かの役があるからです。

役立ち感は、「自分はここで全体とつながって何かの役に立っている」という感覚です。

「いいね！」をもらったり、友達申請をすることではありません。

「いいね！」や友達申請は受け身の関係です。

相手に「つながっているよ」と言われるのは、受け身です。
大切なのは、「自分は何かとつながっている」という自覚をみずから持つことです。

役立ち感を感じた時に、明日へのワクワク感が生まれるのです。

「不安」を「ワクワク」に変える

26

「つながっている感」を感じよう。

27 自己肯定感とは、「むしろ、よかった」と感じることだ。

流行りのキーワードを腹落ちするためには、平仮名のベタなセリフに置きかえるのが一番です。

「自己肯定感」は、「むしろ、よかった」と思える人です。

世の中には、いろんなデメリットがあります。

制約を受けている状況で、収入が下がったり、チャンスを奪われたりしています。

それを「むしろ、よかった」と感じられるのが自己肯定感です。

たとえば、大学受験で失敗して浪人になった時、「浪人したことで、むしろ、よかった。あのままスルスルと通っていたら、今ごろヤバいよね」と感じられることが自己肯定感になるのです。

結果が出てから言うのではありません。

結果が出る前に「むしろよかった」と言うのです。

「不安」を「ワクワク」に変える

27

「むしろ、よかった」と感じよう。

28

「来世も自分で生まれたい」が自己肯定感だ。

西洋文化の歴史は、ギリシャ・ローマ時代から、ビザンチン文化、ルネサンスを経て、現代絵画まで連綿とつながっています。

エジプト展に行って、エジプトはそれを5000年前にすべてやってしまっていることがわかりました。

エジプトの死生観は、生前、悪いことをしなければ、「アヌビスのはかり」がつり合って、「いいことをしてきた」と判定されます。

別にそれで天国に行けるわけではありません。

エジプトには天国も地獄もないのです。

「アヌビスのはかり」がつり合った人は死者の国に行きます。

死者の国に行った人は、よみがえることができます。

つり合わなかったら死者にもなれないのです。
死者にもなれないというのは、面白いです。
仏教的に言うと、成仏できなくて漂っている状態です。
死んだら、きちんと死者になることが大切です。
死者の国の冥界には、針の山や血の池地獄はありません。
エジプトと同じ国が、そこにもう1個あるだけです。
式年遷宮のようなことが起こっているのです。
ころ合いが来たら、来世また生まれ変わります。

生まれ変わりには、

① 別の人間に生まれ変わりたい
② 自分に生まれ変わりたい

という2通りの考え方があります。
エジプトは、来世も自分に生まれ変わるという死生観なのです。

「来世は自分に生まれたいか、別の人に生まれたいか」という質問をしました。

結果は半々に分かれました。

「別の人に生まれたい」と答えた人に、どんなふうに生まれ変わりたいか聞くと、「もっとカッコよく生まれたい」と言うのです。

このグループには共通点があります。

全員、恋人がいないのです。

一方、「自分に生まれたい」と答えたグループは、全員、恋人がいます。

これは面白い現象です。

「彼女がいるから、来世も自分に生まれたい」とか「彼女がいないから、来世は彼女がいるような人間に生まれ変わりたい」というのは、順番が逆です。

自分に与えられたデメリットはたくさんあります。

「来世は勉強ができる人間になりたい」

「頭がいい人間になりたい」

「お金持ちの家に生まれたい」

「美男美女に生まれたい」

というのは、来世で状況を変えようとしています。

来世も「自分」で生まれて、もう一度、成長するための修行をして自分を磨いていこうと思えるのが自己肯定感です。

すべてのデメリットを引き受けて、今の自分と同じ条件でもう一回やらせてくれということです。

来世は違う条件、違う人間でやりたいというのは、「今」を否定しています。

そんな人には誰もつきあいたいと思わないのです。

恋人がいないから自己肯定感が低いのではありません。

自己肯定感が低いから恋人ができないという流れになっているのです。

「不安」を「ワクワク」に変える 28

来世も自分に生まれ変わろう。

29
失敗したのではない。みんなと違う体験をしたのだ。

失敗した時は、すべての人がへこみます。

その時に、

「おまえは、なんでそんな失敗したんだ」

「だからダメなんだ」

「一生浮かばれない」

「二度と成功するコースには戻れない」

と言われると、未来のない状況になります。


失敗している人に、どう声をかけるかです。

それは慰めではなく、「みんなと違う体験をしたね」と言えばいいのです。

成功は、みんなと同じ体験です。
失敗は、失敗の数だけ個性があります。

学校に行くのは、みんなと同じ体験です。
ズル休みをしたら、みんなと違う体験ができるのです。
ズル休みをした子どもには、「みんなと違う体験ができたね」と言ってあげます。

私は高校時代、ズル休みをして、図書館に行って1人で勉強するのが好きでした。
「もう一回生き直したとしても、やっぱり同じことをするだろうな」という気持ちでいます。

たとえ叱られても、みんなと違う体験が自分自身の人生の心の支えになります。
未来の生き方がみんなと同じでは、つまらないのです。

体験には、失敗か成功かというジャンル分けはありません。
みんなと同じか、みんなと違うかという2つの分け方があるだけです。

コロナで自粛の間、みんな家に閉じこもっています。

そんな時ほど、それぞれが違う体験をしています。
その違う体験を大切にした方がいいのです。

「不安」を「ワクワク」に変える 29

失敗を、自慢話にしよう。

30

愛とは、違いを楽しむことだ。

愛とは、違いを味わい、違いを楽しみ、違いを愛することです。

「自分と同じだから好き」ではなく、「自分と違うから好き」というのが愛情です。

離婚会見で、「お互いの価値観が違ったので」とよく聞きます。

男女の愛情に限らず、上司と部下、同僚同士、親友同士でも同じです。

芸術の世界では、ライバルだと思われている2人が大の仲よしということがあります。

たとえば、ショパンとリストは、まったく個性が違います。

ショパンは女性と接するのが苦手でした。

だからこそ、あんなロマンチックな曲をつくることができたのです。

一方、1歳違いのリストはモテモテです。

「どうだ、ウリャ」というような超絶技巧の曲をつくって、それを弾きこなします。

この2人は、お互いをリスペクトし合っていました。

リストは、イスタンブールから、モロッコ、イギリスまで走りまわってコンサートをしています。

それに対して、日本人の人気ナンバーワンで、ショパンコンクールという大コンクールもあるあのショパンが、生涯でコンサートを1回しかしていないのです。

しかも、その1回がペストの大流行で客が入らず大失敗でした。

気の毒な状況だったのです。

ショパンが早くに亡くなった後、リストは長生きして、最終的にショパン的な曲をつくるようになりました。

強い個性を持つ2人は、お互いに自分ができないことをしている相手をリスペクトします。

親友同士は、晩年、相手の得意なものをつくるようになります。

違いを楽しむことが、愛なのです。

「不安」を「ワクワク」に変える 30

違いを、楽しもう。

4章

行動して不安を
ワクワクに変えよう。

31

家事に参加することで、幸福感がアップする。

テレワークのおかげで、仲良くなった家族が生まれました。

一方で、テレワークになって、夫婦ゲンカや離婚が増えています。

親子ゲンカも増えています。

今まではお父さんが帰ってくる時間が遅くて、家にいるのが日曜日だけだったから、まだなんとかなっていました。

今は平日まで家にいるので、家族がぶつかり合うようになったのです。

自粛で、モチベーションはどんどん下がっています。

仕事をすることでモチベーションをなんとか保っていたのに、家の中ではモチベーションを上げるものが何もないのです。

その中で幸福度をアップする方法は、家事に参加することです。

育児や料理、掃除や洗濯ができる男性は、ワクワク、生き生きしています。

もともと、日曜日に高級食材店に買い物に来る人は男性が多いということがありました。

男性は、家事としてではなく、趣味として食事をつくります。

こだわって手間のかかるものをつくるのです。

辻仁成さんは買い物も自分で行って、料理をつくるからイキイキしているのです。

好きだから家事をするというよりは、家事をすることによって、その面白さに気づき、幸福度がアップします。

ワクワクさせる何かが家事の中にあるのです。

「不安」を「ワクワク」に変える

31

家事に、参加しよう。

32

トレーニングをすると、幸福度がアップする。

すぐにはできないことを訓練し続けている人は、ワクワクしています。
ワクワクしているからトレーニングをするというのは、順番が逆です。
「感情が先にあって、行動する」のではありません。
「行動から、感情が生まれてくる」という順番です。
家事も、幸福感が上がるから家事をするのでありません。
家事をするから幸福感が上がるのです。
耐性のない人は、練習してもすぐにうまくならないと簡単に諦めてしまいます。
それでも練習し続けることで、幸福感は湧いてきます。
耐性を持っている人は幸福感につながりやすいのです。
逃げれば逃げるほど幸福感が感じられなくなります。

「逃げる」→「幸福感が感じられない」→「次のものを探す」→「またイヤなことに出会う」→「また幸福感が感じられない」→「また逃げる」という負のスパイラルへ入っていくのです。

「不安」を「ワクワク」に変える 32

トレーニングすることで、幸福感が上がる。

33

アイデアとは、選ぶことではなく、第3の方法をつくることだ。

アイデアを考える時に、ＡかＢかの二者択一になるとしんどくなります。
どちらを選ぼうが、二者択一にはワクワク感が生まれないのです。
ワクワク感は、ＡとＢがあった時に第3の方法を考えることです。
究極の選択を迫られると、どちらを選んでもストレスだけが残ります。
ストレスを残さないためには、Ｃという新たなアイデアを考えればいいのです。
自分がそういう姿勢でいると、第3のアイデアが生まれてきます。

ＡかＢかでガチッと固まってしまうと、新しいアイデアは生まれません。
そこでクリエーティビティーが分かれます。
ＡとＢから選ぼうとしていると、そこには限界があるのです。

「不安」を「ワクワク」に変える

33

選ばず、第3の方法を考えよう。

34 明日の約束をする人は、自殺しない。クリーニングも、出さない。

今日をワクワクする方法は、常に明日の約束をどんどん入れることです。

食事や旅行に誘われた時に、「ちょっと待ってください。まだスケジュールがわからないので」と言う人は、ワクワクできません。

「ギリギリまで申し込まない人」と「即、申し込む人」に分かれます。

あらゆる申込みは、申込み期間中にまんべんなく入るわけではありません。

真ん中あたりはいません。

申込み期間を長くとったら申込みが増えるかというと、そんなことはまったくないのです。

今日を楽しんでいる人は、申込みが始まってすぐに申し込みます。

まじめなタイプの人は、状況がわからないとなかなか申し込めません。

直前の判断で、最後の滑り込みで申込みをかけてきます。

その人は結局、今日を楽しめていないのです。

旅行会社の人に「いつまでにキャンセルすればキャンセル代が返ってきますか」と聞くタイプの人は、大体キャンセルします。

最初からキャンセルを前提に申し込んでいるからです。

「行けなかったら行けなかった時のこと」と考えて、なんとか行けるように頑張る人は行けるのです。

申込み開始直後に申し込んで行けなくなる人よりも、締切ギリギリに申し込んで行けなくなる人の方が圧倒的に多いのです。

自殺を疑われる人からクリーニングの引換券が出てきたら、事故死か他殺の線が濃くなります。

クリーニングに出す時点で、その人は自殺しません。

人間は未来への計画が何かあるだけで、それを達成するまで生き延びようという気持ちが湧いてくるのです。

「不安」を「ワクワク」に変える

34

約束を、入れよう。

35

後払いは、お金のことばかり考えてしまう。

お金の支払いで、「前払い」と「後払い」があります。

ワクワク感があるのは、前払いの方です。

たとえば、後払いの旅行は、乗っている間に、だんだん「そろそろお金を払わないといけないな」という気持ちになってきます。

豪華客船のお支払いは前払いです。

オール・インクルーデッドで、すべての料金がそこに含まれています。

旅の間は、お金のことを忘れていられるのです。

後払いにすると、ずっとお金のことを考え続けることになります。

先払いにすることで、未来のことをクヨクヨしないで済むのです。

払わなければならないお金は、先に払っておきます。

それが一番ラクになる方法です。

請求書などで「○○日までに払ってください」というのが来ます。

それを引出しに入れたままにしておくと、ずっとそれを考え続けて、毎日お金をとられているような感覚になります。

来たら即、払ってしまいます。

これがお金に対する不安感を取り除く方法なのです。

「不安」を「ワクワク」に変える

35 お金を先に、払ってしまおう。

36

不安は、ヒマから生まれる。

テレワークで、時間の余裕が生まれました。

今まで「時間が欲しい、時間が欲しい」と言っていたのに、急に時間が生まれると何をしていいかわからないのです。

不安は、ヒマから生まれます。

日々忙しくしていることによって、不安を感じるヒマはなくなります。

歳をとると元気になるのは、残り時間が見えるからです。

したいことがあっても、それを最後まですることはできません。

できることには限りがあります。

「時間が足りない」「いつ死ぬかわからない」という意識が湧いた時に、その人は不安を感じているヒマがなくなるのです。

不安を感じるのは、未来の時間が余っていて、人生の中でなんとなくヒマを感じた時です。

不安を感じない方法は、忙しくすることです。

忙しいのは、メンタル的には健康です。

原稿を書く人間は、日々、締切と戦っています。

ありがたいことに、不安を感じているヒマはいっさいないのです。

「不安」を「ワクワク」に変える

36

今日の仕事を、目いっぱいして、忙しくする。

37 大量のことをしなければならない時は、細かく分ける。

大量の仕事を抱えていると、ストレスを感じます。

「あれもしなければ、これもしなければ」という状態が、未来の不安になるのです。

大切なのは「今日のノルマを達成した」という感覚を持つことです。

そのためには仕事を細かく分けていきます。

将来の夢を語る時に、「したいことがいっぱいあって、なかなかできないんです」と言う人がいます。

そういう時は、まず、「すぐできること」と「なかなかできないこと」の2つに分けます。

次に、「すぐできること」を「本当にすぐできること」と「少し頑張ればすぐできること」の2つに分けます。

夢にも、「頑張らなくても、すぐできること」はけっこうたくさんあります。

それをまず片づけて、次に少し頑張ればすぐできることを片づけます。

その後に、もっと頑張らないとできないことに取りかかるのです。

この順番ですることで、日々、達成感が湧いてきます。

問題がある時は、2つに分類すると取っかかりが見つかります。

ひと固まりの中にいると、「こんなにしなければならないのか」と、途方に暮れるのです。

自粛中、多くの人が家で部屋の片づけをしました。

片づけ士の小松易さんに聞くと、引出しのモノを全部出せる人は、部屋が片づくそうです。

小松さんのアドバイスは、よくできています。

「いったん出して、全部戻してください」と言うのです。

捨てなくても片づけなくてもいいので、楽です。

「出したら捨てなさい」と言われたらどうしようと思うから出せないのです。
まずは、いったん全部出して一覧できるようにします。
それを小分けにするだけで、モノは減っていくのです。

「不安」を「ワクワク」に変える

37

不安は、混同から生まれる。

38

勉強している間は、不安を感じない。

時間があるのにすることがないと、不安になります。
そういう時は、つい時間つぶしの娯楽を探そうとしがちです。
一番時間がかかるのは、娯楽ではなく、勉強です。
勉強している間、不安を感じません。
長い刑務所生活に耐えられる人は、中で勉強している人です。
勉強は最大のヒマつぶしです。
語学の勉強は時間がかかります。

大杉栄は刑務所にいる間に、特に時間がかかる語学の勉強をしました。
時間がかからない勉強は、そもそも勉強ではありません。

訓練や習いごとも、時間がかかるものほど面白いのです。

親戚のコシノヒロコさんは、子どもの時から習いごとをたくさんしています。

80代になっても一番長く続いているのは、お三味線です。

ヒロコさんは「お三味線が一番難しかったから」と言っていました。

することがなければ勉強すればいいのです。

自粛とかそんなことは関係ありません。

仕事をしている間も、日々、不安を感じたら勉強します。

勉強している間、不安は感じないのです。

「不安」を「ワクワク」に変える

38

することがない時こそ、勉強しよう。

39

付加価値を評価してもらうことは、そもそも不可能と考える。

不安を感じている人は、「自分はこんなに頑張っているのに、あの人は評価されて、なんで自分は評価されないのか」と考えています。

そもそも評価が可能なのは、同質の仕事をしている時だけです。

異質の仕事をしている人間の評価は不可能です。

同質の仕事ならば、ミスタッチが多い・少ないとか、でき上がったもののクォリティーが評価されます。

早い・遅いの評価は、生産性の問題です。

それは、同質を基準に置いているのです。

同質では、限界が来ました。

これからは付加価値の時代です。

付加価値を作ることが仕事になるのです。

同質の仕事は、AIが入ってきた瞬間にAIに負けます。


ＡＩに勝てる人間はいません。


人間がＡＩに勝てるのは、付加価値でしかないのです。

付加価値の仕事に客観的な評価は不可能です。

付加価値は新しい価値なので、今までの価値基準は使えないからです。

評価者も、その付加価値を理解できません。

そもそも付加価値に評価を期待してはいけないのです。

博報堂時代、新商品開発をしていました。

新商品は、企業秘密です。

「何やってんの」と聞かれても答えられないので、「おまえは仕事をしていない」と言われるのです。

刑事ドラマの潜入捜査と同じで、「僕は潜入捜査をしています」と言った時点でバレてしまいます。

付加価値を生み出す仕事は新商品開発と同じです。

内緒にすることが求められます。

「あいつは働いていない」と言われる覚悟が必要なのです。

「不安」を「ワクワク」に変える

39

そもそも評価を期待しない。

40

幸福になることより、幸福感を感じる方が、幸福だ。

「幸福」と「幸福感」とは、違います。

どちらを目指すかです。

「幸福になる」というのは、事実です。

「幸福感」は感覚なので、事実は関係なく、解釈の中にあります。

事実として幸福になるよりは、幸福感を感じることの方が大切です。

たとえば、貯金がたまるのは、事実としての幸福です。

お金がたくさんあると、「子どもたちがお金目当てで自分の面倒を見るのではないか」という次の不安が生まれます。

「泥棒に入られたらどうしよう」という不安もあります。

「幸福」からは「幸福感」を感じることはできないのです。

幸福感を感じるのは、トレーニングや家事をしている時です。

そこには幸福であるという事実は、いっさい関係ありません。

幸福感は、その人の行動と解釈から生まれます。

目指すのは、幸福になることよりも、幸福感を感じることなのです。

「不安」を「ワクワク」に変える

40

幸福になるより、幸福感を感じよう。

5章

不安から生まれるものを大切にしよう。

41

不安から、エネルギーが生まれる。

不安は、エネルギーを生み出す源です。

不安がたくさんあればあるほど、エネルギーが生まれてきます。

建築家の安藤忠雄さんは臓器を5つ摘出した後も、手術前よりさらに元気がアップしました。

前から元気だったのですが、さらに一層元気になっています。

ご本人は「いつ死ぬか不安だから今やっておかなければと思うと、死んでいるヒマがない」と言っていました。

不安でエネルギーが消えるというのは、考え方が逆です。

エネルギーのすべての源は不安です。

安心・安定を目指していると、エネルギーは生まれません。

水力は水位の差、電気は電位の差でエネルギーを生み出します。

理想と現実の落差から不安が生まれて、そこからエネルギーが生み出されるのです。

「不安」を「ワクワク」に変える

41

不安から、エネルギーを生み出そう。

42

アイデアは、制約から生まれる。

制約の中から、クリエーティビティーが生まれます。


「いろんな制約があって、アイデアを考えることができない」というのは、逆です。

「クリエイターさんはいいですね。好きなことをしていればいいんだから」と言う人がいます。

クリエイターほど制約を受けている仕事はありません。

広告の仕事は、がんじがらめの制約があります。

あれをしてはいけない、これをしてはいけないと言われる中で、針の穴を通すようなスキ間を狙っているのです。


ＣＭでは言えることと言えないことがあります。

ＣＭの企画をつくったら、法務室でチェックを受けます。

あるクリエイターは、企画を考える前に法務室に聞きに行っていました。

当時、お尻の割れ目は、女性はＮＧで男性はＯＫでした。

割れ目をどこまで出していいのか、割れ目とはどこを指すのか、上なのか、下なのかということは法務で決まっています。

その人はそれを先に確認してから、まだＪリーグになる前の日本サッカー連盟のポスターをつくりました。

明石家さんまさんの全裸の後ろ姿のカッコいいポスターです。

企画をつくってから制約をチェックするのではなく、あえて制約のギリギリいっぱいをつくところからアイデアが生まれるのです。

「不安」を「ワクワク」に変える

42

制約から、発想しよう。

43

三宅一生は、布を切らない制約を自分に課して、プリーツをあみ出した。

ファッション業界は、エネルギー産業に次いで最も地球にストレスを与える業界と言われています。

たとえば、綿花を育てるために水をたくさん使います。

何百万人もの人間が生活用水として使える水を綿花を育てるために使っているのです。

ファストファッション業界は、それを回収する作業を始めています。

大昔、着物はお金のかわりでした。

着物は1枚の布をひとつも切らずにつくっています。

糸をほどくと布に戻って、また新たな着物をつくることができるのです。

デザイナーの三宅一生さんは「布を切らない」という制約を自分に課しました。

普通は、布を切ってはいけないと言われたらデザインはできません。
それをあえて「切らない」という制約を課すことで、「プリーツ」という新たなデザインを生み出すことができたのです。

アイデアは、制約から生まれます。

「自由にしていい」と言われると、逆にアイデアは生まれないのです。

「不安」を「ワクワク」に変える

43

制約から、アイデアを生み出そう。

44

自分を投げ入れることで、運をつかめる。

何かに飛び込んでいく瞬間にワクワク感が生まれます。

エビデンスを確認していると、ワクワク感はどんどん消えていきます。

うまくいくことがわかり切っていることをしても、そこからワクワク感は生まれません。

成功率が高いことをすればするほど、「はずれたらどうしよう」という心配が生まれるのです。

人が宝くじを買うのは、全員には当たらないからです。

１００万人中1人が当たるものなら、なんの迷いもなく、ワクワクして買います。

１００人中99人に当たるとなったら、「１００人のうちの1人に入ったらどうしよう」という不安しかないのです。

当たる確率が低いから不安になるのではありません。

当たる確率が高いから、逆に不安が生まれてくるのです。

「不安」を「ワクワク」に変える

44

飛び込もう。

45

死を意識すると、時間の密度が濃くなる。

コロナを体験して、死を意識することが増えました。

まさかの人が亡くなるのです。

ＴＶでも、有名人が亡くなったり、お墓が足りないという映像が流れています。

しばらく、死は遠くにありました。

争や災害があると、死は身近になります。

昔は家におじいちゃん、おばあちゃんがいたので、今までいた人が、突然、遺影になる瞬間がありました。

お棺や焼き場など、生々しい死をリアルに体験することができたのです。

核家族化が進んで、おじいちゃん、おばあちゃんと一緒に住むことがなくなりました。

離れて暮らす人が亡くなっても、今までと同じで、「ただ会っていないだけ」という感覚になります。

死というものが、リアルに肌身で感じられなくなったのです。

パンデミックで初めて死を身近な問題として意識するようになります。

この時、時間の密度が濃くなるのです。

ワクワクしないのは、時間に密度がなくなることです。

大切なのは、長く生きることではなく、濃密な時間を生きることです。

「ついさっきのことなのに、ずいぶん遠い昔のように感じる」というのが、時間を濃密に感じている状態です。

あっという間に過ぎたのに、たくさんのことを思い出せるのです。

退屈なことをしていると、時間の進みが遅くなります。

思い出そうとしても、何も思い出せないのです。

若いうちは、10年は長く感じました。

歳をとると、10年はあっという間に過ぎてしまいます。
それは時間の密度が濃くなったからです。
死を意識すると、残り時間を意識します。
その時、時間の貴重さ、時間の濃度をより深く考えるようになるのです。

「不安」を「ワクワク」に変える

45

死を、意識しよう。

46

デメリットは、具体的。メリットは、抽象的だ。

デメリットを考えると、不安になります。
メリットを考えると、そこで手に入れられるものを考えてワクワクできます。
デメリットは、先払いです。
メリットは、後払いでやってきます。
先払いのデメリットはきわめて具体的で、すぐに払う必要があります。
後払いで来るメリットは抽象的です。
デメリットは共通で、メリットは個人差があります。
たとえば、同じ旅行では旅行代金は全員に共通です。
その旅行で得られるものは、それぞれの好みとか趣向が違うので、さまざまです。
料理を食べたい人、のんびりしたい人、アクティビティーをしたい人、人と出会いたい人……、みんな違うので、「こういうものが手に入ります」と、事前に表記できないのです。

メリットは抽象的で、しかも未来のことです。

未来にワクワクしたければ、メリットのことなど考えない方がいいのです。

今それをしていることで回収できているからです。

「何が手に入るかわからないからワクワクできない」というのは、つまらないことをしているということです。

「それをしただけでモトをとっているから、そこから先は何もいらない」と思えることが、その人の好きなことであり、未来にワクワクしているということです。

一番楽しいのは、ノーギャラの仕事です。

最初からギャラを期待していないので、「いくらもらえるんだろう」ということは何も考えません。

アゴアシも自分で払います。

それでもモチベーションが上がるのです。

ギャラが高いとか安いとか、効率がいいとか悪いとか、最初からそんなことを考えないことが一番ワクワク感を感じます。

そこから面白味を見出して、「これをするだけで楽しい」と思えるのです。

「不安」を「ワクワク」に変える

46

メリットのことを、考えない。

47

覚えた仕事が、次の仕事の役に立つ。

会社を辞めたいと思っているなら、辞めていいのです。

辞める時は、今している仕事をひと通り覚えてから辞めることです。

そうすれば、今している仕事が次の仕事の役に立ちます。

今の仕事が身につかないうちに辞めてしまったら、今までしていたことがすべてムダになります。

仕事を一つの習いごととして考えるならば、今の仕事を覚えて次の職場に行った時に、「そんな仕事をしていた人なんだ」ということで評価してもらえます。

その職場にその仕事をしている人がいなかったら、違う発想を与えることができるのです。

たとえ3年で辞めたとしても、その体験を次に生かすことができます。

今の仕事を覚えてから辞めるとなると、なかなか辞められないものです。

これも覚えておこう、あれも覚えておこうということで、仕事の深みに気づくのです。


仕事は層になっていて、一番上に面白いところがあります。

その下に、あまり味のないところがあります。

パフェは底に行けば行くほど、またおいしいところが出てきます。

人生のパフェは、一番上の層は薄いので、おいしそうと思って飛びついても、すぐに消費してしまいます。

そこから先は、しばらく味のないところを通ります。

ここで辞めてしまうと底の方のおいしい味を味わうことができなくて、「あの仕事はいまいちだ」ということになるのです。

人のコメントを聞く時に、初めての体験の人の感想はあまり参考になりません。

ネット情報は、初めて体験の人の情報が圧倒的に多いのです。

長く体験している人はネットに情報を上げません。
ネット情報は、たとえいい点数がついていても、上っつらの味でしかないのです。
ワクワクは、無味乾燥なところを通り過ぎた先にやってくる本当の味です。
そのためには、長く続けている人にマン・ツー・マンで聞くことが大切です。
初心者の平均点は、意味がないのです。

「不安」を「ワクワク」に変える 47

仕事を覚えてから、辞めよう。

48

アイデアを全部、自分で考えなくていい。

今の時代のピンチを乗り越えるためには、新しいアイデアが必要です。
今までのアイデアは通用しません。
今までのやり方でさらに力を入れてやっても、この時代を乗り越えることはできないということです。

新しいアイデアは、スタッフが持っています。

社員から出てきた、くだらないアイデアをどんどん生かしていけばいいのです。
お客様にもアイデアを考えてもらいます。

長くお客様でいてもらうには、お客様をスタッフに巻き込んでいくのがコツです。

お客様に「これってどうしたらいいですか」と聞くと、お客様はノーギャラでアイデアを考えてくれます。

お金を出してでも、アイデア出しに参加したいと考えているのです。

お客様がリピート化するのは、自分の出したアイデアが実際どうなっているかを確認したいからです。

働く側にまわることが、お客様の一番の醍醐味です。

リーダーがアイデアを全部出していると、スタッフもお客様も楽しくありません。

自分の出したアイデアが形になっていくことが、最大のモチベーションになります。

お客様も、スタッフも、アルバイトさんも、パートさんも、すべての人を巻き込んでアイデアを考えてもらうのです。

アイデアを出すことが、その人のやる気とモチベーションになって、最後までつきあうという形になります。

その人にアイデア会議にだけ参加してもらうのはもったいないです。

「それをあなたがやってください」と言って、最終的に実現するところまでつきあってもらえばいいのです。

「不安」を「ワクワク」に変える

48

お客さんに、アイデアを手伝ってもらう。

49

成長とは、昨日まで不安でなかったことが、不安になることだ。

昨日まで気にならなかったことが、今日は突然気になり始めることがあります。

これが成長するということです。

たとえば、家を掃除していると汚れているところが見つかります。

これが掃除のメリットです。

Ａ４・１枚分だけ拭き掃除をすると、突然、拭いていなかったところの汚れが目立ち始めるのです。

私は会社の研修に行くと、「まず、ここだけやってみましょう」という形でアドバイスします。

「全体を直してください」と言われますが、「いやいや、まず1カ所だけ。自転車置き場だけきれいに整えよう」と言うのです。

1カ所変えると、それ以外のところとの落差がくっきり浮かび上がります。

全体を薄くやっても、その効果はありません。

まず1カ所だけして、したところとしていないところとの境界線を自分に感じさせることでワクワク感が出てきます。

大切なのは、不安をなくすことではなく、ワクワク感を追加することです。

不安をなくすことが、理想の形ではありません。

昨日まで不安でなかったことに不安を感じることが、「不安の成長」です。

これを「危機感」と呼びます。

「不安だ、不安だ」と言っている人は危機感がないのです。

危機感のある人は不安を感じているヒマがありません。

危機感は、時代に合わせて常に動いています。

危機感は具体的で、不安は抽象的です。

具体的に行動すればするほど、危機感をきちんと感じて、当事者意識としてリアルに考えることができます。

結果、エネルギーや行動につながるのです。

不安を持つことは悪いことではありません。

不安があることで、その人は成長していきます。

「不安はひとつもありません」と言う人は、一見、ポジティブシンキングのようですが、どこかで成長を放棄しています。

不安から目をそらして、ごまかしているのです。

病気と同じです。

あちこちに病気を抱えている人は、結果として健康が長持ちして長生きできるのです。

「不安」を「ワクワク」に変える

49

不安を感じよう。

50　不安のある人は、成長している。

今までわれわれは「Ｖ字回復」という言葉を信じていました。

時代は直線で進むと思っていたのです。

今初めて、２波があり、３波があり、上がったり下がったり、ジグザグになることを体験しています。

今までは先の見通しがあることを望んでいました。

下り坂はずっと下り、上り坂はずっと上りで、Ｖ字回復をよしとしていました。

だから、２波、３波が来た時に、「どこまでジグザグが続くの」という不安を感じたのです。


実際の成長はジグザグで進んでいきます。

ジグザグだからモチベーションが湧くのです。

たとえば、東急ハンズの半分の階段は垂直のジグザグです。

今までのデパートは、碁盤の目のように向こうまで見渡せました。

人はそれを見ただけで満足して、それ以上進まないのです。

ＧＩＮＺＡ ＳＩＸの内装を設計したグエナエル・ニコラさんは、あえて曲がり角や楕円形のアールをつくりました。

向こうがうっすら見えるような形にして、ジグザグの道をつくったのです。

銀座の街自体、一見、碁盤の目のように見えますが、路地裏だらけです。

碁盤の目といわれる京都の町も、実際は路地裏に味わいがあるのです。

ＣＭの撮影スポットは、たいてい曲がり角です。

ＳＮＳ写真も直線のところは誰も写真を撮りません。

映画のロケセットも、吉本新喜劇も、曲がり角をつくって、向こうに無限に続いているように感じさせます。

半分だけしか見えないと、「向こうには何があるんだろう」と、なんとなく気にな

るのです。

美術館の順路も、直線ではなく、ジグザクです。

「これはこっちに行くのかな」「そっちにも何かあるのかな」という迷路性が人間のモチベーションになります。

これが一直線だったら、こんなつまらない道はないのです。

「先が見通せない今だからこそ、そこに行ってみたい」というプラスの解釈が、ジグザグのモチベーションになっていくのです。

「不安」を「ワクワク」に変える

50

曲がり角を、曲がってみよう。

51

書くことで、自分のものになる。コレクションをする人は、死なない。

本屋さんのレジで紹介したワイズベッカーさんは大工道具が好きで、日本に来て大工道具をスケッチしているのです。

スケッチすることによって、自分のコレクションにしていくのです。

ワイズベッカーさんは「私はアーティストではなくて、好きなモノのドキュメンタリストだ」と言っています。

亡くなられた宅八郎さんと初めて番組で一緒になった時に、楽屋が隣でした。

「初めまして。今日はよろしくお願いします」と言って最初に言われたのが、「中谷さんは何を集めていますか」ということでした。

オタク道でコレクターの人は、相手が何を集めているか興味があるのです。

その時、私は「自分は何を集めているんだろう」と考えました。

コレクターは、集めている意識なく集めています。

私は家の中に何が多いかと考えて、「そういえば、昔の『ＧＯＲＯ』のグラビアページはけっこうありますね」という話をしました。

「ブリキのおもちゃ博物館」の北原照久さんにも「中谷さんは何を集めてる？」と聞かれました。

先に北原さんが「中谷さんは自分の本を集めているじゃない」という答えを出してくれました。

言われてみれば、たしかにそうです。

コレクターでもなければ、本が１０００冊を超えることはありません。

私は自分の好きなことを本に書いています。

本に書くことによって、自分の好きな物語をコレクションしています。

好きな考え方、好きな人、好きな言葉を集めて書くことで、自分のものになっていくのです。

私は子どもの時から模写が好きでした。

『少年朝日年鑑』を親に買ってもらって、それをノートに写していました。

母親には「本があるんだから、ノートに写さなくていいんじゃないの」と言われました。

私の中では、ワイズベッカーさんと同じで、「世界の平均気温と降水量」を写すことによって自分のものにできる喜びがあったのです。

コレクションは、いきなり大量にもらってもうれしくありません。

1個ずつ集まっていくところに喜びがあります。

集めていくプロセスの中で、「これは山の中で手に入れたんだよね」という物語になっていくのです。

『少年朝日年鑑』の世界の平均気温と降水量のグラフを写すのは、意外に難しかったです。

ひと目盛りズレるだけでまったく違う形になって、最初からやり直しです。

それも込みで物語になのです。

結局、すべての人は「自分の体験」という物語をコレクションしています。

コレクションをし続けている間、その人は不安を感じません。

未来に絶望したり、死のうとは考えなくなるのです。

「不安」を「ワクワク」に変える

51

書いて、自分のものにしよう。

6章

ワクワクは、近くにある。

52

ほかの人の仕事では、アイデアは簡単に浮かぶ。

自分の仕事についてのアイデアを考えようとすると、なかなか思いつきません。

先入観や固定観念がたくさんあるからです。

ほかの人の仕事で「こうやったら簡単じゃない」というのは、すぐ浮かびます。

仲間同士でお互いにアイデアを出し合うのが、アイデアを出すコツです。

出し始めるとどんどん出てくるのが、アイデアの面白いところです。

自分の仕事に対しては、「それは昔からやっているけどダメだった」とか「よそがやっても失敗した」という知識があって、アイデアが出にくくなります。

ほかの人の仕事については素人なので、逆に突破口となるようなアイデアが浮かぶのです。

一度アイデアを出す頭になると、次々とアイデアが生まれます。

アイデアを出した直後が、最も次のアイデアを出しやすいのです。

ほかの人の仕事のアイデアを出すことによって、頭をアイデアを出すモードに切りかえることができます。

ほかの人の問題を解決するアイデアを考えるだけで、ワクワクできるのです。

「不安」を「ワクワク」に変える

52

ほかの人のアイデアを考えよう。

53

原因や結果より、プロセスに強くなる。ワクワクは、プロセスにある。

つい原因と結果が大切だと考えがちです。

結果で、ワクワクは生まれません。

結果より原因の方が、まだワクワクは生まれます。

では原因をマネしたらいいかというと、それも違うのです。

原因と結果との間にはプロセスがあります。

プロセスは、一人一人みんな違います。

原因が同じならみんな同じプロセスというわけではありません。

物語は、プロセスの中にあります。

物語を楽しむことは、プロセスを楽しむことです。

プロセスを楽しんでいる人間にとって、結果はあまり関係ありません。

むしろ、結果が出てしまうと面白くなくなります。

結果が出る前のプロセスが一番楽しいのです。

クイズ番組で楽しいのは、答えが正解かどうかよりも、答えに至る理由です。

私も見ている人に説得力のある理由を考えることに命をかけています。

答えが合っていたら、「なんだ、知ってたんじゃない」ということになります。

当たり前でつまらないのです。

「この答えは中谷さんの理由で正解だな」と思わせておいて間違うと、「なんだ、違うのか。でも、あの理由は説得力があったなあ」ということを味わえるのです。

私は長年、広告代理店でプレゼンをしていました。

大切なのは、プレゼンが通るか通らないかよりも、そのプレゼンにどれぐらい説得力があるかです。

絶対売れないような商品を与えられた時の方が、企画は面白くなります。

最初から商品力があると、そんなにひねらなくても商品の力で持っていけます。

「その商品、絶対売れないよね」というところにクリエーティビティーが湧いてくるのです。

ワクワク感は、途中のプロセスを楽しむことです。

結果が出てしまうと、それ以上の膨らみはありません。

「明日どうなるかわからないから不安だ」と言いますが、どうなるかわからないからワクワクできるのです。

「不安」を「ワクワク」に変える

53

プロセスを楽しもう。

54

頭のいい人が、ＡＩに駆逐されていく。頭に自信のない人に、ラッキーな時代。

「正解が見当たらないから、不安だ」と言う人がいます。

正解が見当たらない時代には、正解を知らない人にチャンスがまわってきます。

私は受験時代、浪人をして、志望校にも通らないという人生を歩んできました。

東大出身の人が「今は東大生が一番きつい時代になった」と言っていました。

ＡＩに一番仕事を奪われるのは東大生です。

東大生は、正解をいかに早く導き出すかで頑張ってきました。

それはＡＩにかなわないのです。

これからの時代は、ナイスな間違いに価値が生まれます。

ナイスな失敗、面白い失敗、魅力的な失敗、セクシーな失敗ができるかということに価値が生まれます。

「自分は頭がよくないので」と言いますが、正解を求める頭はいらないのです。

不安を解決する必要はありません。

不安を楽しむことを、いかに人間の幸福感につなげていくかです。

今はそういうことが大切な時代になったのです。

「不安」を「ワクワク」に変える

54

正解は、AIに任せよう。

55

時代遅れから、個性が生まれる。

「新しいテクノロジーに追いつくのは大変だ」と言います。

追いつこうとしている時点で、時代の後手後手にまわっています。

流れが速い時は、追いついて最先端を目指すのではなく、むしろ一気に遅れてもいいのです。

「時代遅れ」の中から、スキップして新しいものが生まれることがあるからです。

刑事物のドラマで、犯人が迷路の中に逃げていくシーンがあります。

後ろから追いかけても、迷路の住人である犯人の方が有利です。

追跡する時は、違う道を行って先まわりをするのが一番いいのです。

これは刑事ドラマで必ず出てくるシーンです。

個性をつくりたいと思って個性のあるものを追いかけても、個性はできません。

どこかで見たことがあるものに価値はないのです。

個性は、見たことのないものの中から生まれます。

時代に遅れることも、もはや個性です。

再生回数が増えているのは、すでに最新の映像ではありません。

昔のものの方が再生回数が増えて、みんなから支持されています。

どうせ古くなるなら、一気に古くなった方がいいのです。

中途はんぱな周回遅れが一番カッコ悪い。

カラオケで若い子たちに気に入られようとして歌う流行りの歌は、一番古くさく感じます。

それなら自分の若いころの歌の方が、今の人たちは聞いたことがないので逆に新鮮に感じます。

流行の波は、そういうとらえ方をした方がいいのです。

「不安」を「ワクワク」に変える 55

「時代遅れ」になろう。

56

お客様を半分にすると、売上げが増える。

お客様を減らすことによって、1人のお客様にフェース・ツー・フェースで寄り添う時間が生まれます。

お客様の数が減っています。

だからといって中途はんぱにお客様を増やそうとか新規顧客を開拓しようと考えないことです。

これをキッカケにお客様を減らしてみることです。

その1人のお客様に、どうすればもっと深く接することができるかを考えた方がいいのです。

右肩上がりで拡大していた時代は多角経営が進みました。

これからは「多元化経営」です。

20世紀は、1人のお客様から、隣の家のお客様、その隣のお客様……と、お客様を増やす方向で進んでいきました。

21世紀は、1人のお客様とトータルのつきあい方をする方向に進んでいます。

1人のお客様を半分にして、その分、2階を建てていくのです。

その時に大切なのは、商品は別になっても同じ価値観を持つことです。

ものの考え方・哲学・美意識を、そのお客様に知ってもらうのです。

小学校の先生に近づいていきます。

中学・高校は科目で先生が分かれます。

小学校は、1人の先生が体育も音楽も、すべての科目を教えます。

たとえば、松岡修造さんにテニスを習うのは当たり前です。

私なら松岡修造さんに哲学や英語を習いたい。

同じ英語を習うなら、松岡修造さんのあの熱い英語を習いたいのです。

それが1人のお客様をタテに増やすということです。

お客様の数を物理的に増やせば増やすほど、1人のお客様に対する哲学的な接し方は浅くなります。

これからの時代は、お客様の数を減らす方向に向かうことで、より新しいものを生み出していけるのです。

お客様を増やそうとする人が一番不安なのは、今までのお客様が来なくなることです。

スナック経営は、お客様の数を増やそうとはしていません。

限られた実家のお客様に毎日来てもらう形がスナック経営です。

お客様が増えると、毎日来てくれるお客様が店に入れなくなるのです。

あらゆるレストランが席数を減らしています。

これは未来へのチャンスです。

今までは、いかに席を増やし営業時間を長くするかという考え方でした。

大切なのは、1人のお客様と家族になることです。

その家族を無限に増やすことではありません。
お客様の数を絞ることで、お客様が求めているもの、お客様の未来に必要なものをもっと提供することができるのです。

「不安」を「ワクワク」に変える

56

お客様を減らす努力をしよう。

57

断られることで、断りやすくなる。断られることで、自由になれる。

今までしていた仕事を断られると、不安になります。
「こんなご時世なので、すみません」という形で、中止や延期になるのです。
断られることでチャンスがなくなるわけではありません。
断られることで、自由になるのです。
断られない方が、チャンスはなくなります。
その仕事を引き受け続けることで、相手の奴隷になっていくからです。
断られることによって、新たな時間と可能性が与えられます。
その時間で**「何か別の新しいこと」**ができるチャンスが生まれるのです。
「断られたらどうしよう」と、ビクビクする必要はありません。

会社でリストラされるのも、未来の可能性をもらったということです。

終身雇用は未来の可能性を奪われている状況です。

本来は別のことができた可能性があるのに、できなくなるのです。

「終身雇用」というと、なんとなく愛のような感じがします。

現実は、「飼い殺し」です。

窓際で仕事をさせないくらいなら、リストラされる方がマシです。

断られることで、うまくいくかどうかの賭けをするチャンスが与えられるのです。

人間関係でも、食事に誘われた時に「今日は帰って勉強するから行かない」と断れるのが最も仲よしの関係です。

「じゃあ、1軒だけね」と、ガマンしてつきあうのは友達とは言えません。

遊びに来た友達に「ねえ、そろそろ帰って」と言える関係が本当の仲よしです。

それを言えずにガマンしているのは、友達というには1歩手前なのです。

「不安」を
「ワクワク」に変える

57

断られよう。

58

キャリアとは、仕事歴でも卒業校でもない。どれだけ、勉強してきたかだ。

「どうしたらキャリアを積むことができますか」と悩みます。

キャリアは、今の仕事を一生懸命することで、後からついてくるものです。

この前までは学歴とか仕事歴がキャリアでした。

それを積み重ねていくことがキャリアアップだというムードが、外資系の会社にはありました。


これからは、みんなと違う勉強・体験・発想を経てきたことがその人のキャリアになっていきます。


「これを勉強したら有利」ということをしていたら、みんな同じになります。

一方で、好きなことはみんなバラバラです。

好きなことをすればするほど、みんなと違うことができます。
それがその人のキャリアです。
みんなと違う体験の集合体がキャリアになっていくのです。

「不安」を「ワクワク」に変える

58

好きなことを、勉強しよう。

59
不器用な人が、便利なものを開発する。

イノベーションを起こすのは、「私、不器用なんで」と言う人です。

機械・人間関係・アイデア出し・コミュニケーションなど、あらゆるところに「不器用」はあります。

次の時代を生み出すのは、器用な人ではなく、不器用な人です。

器用な人はなんでも簡単にできてしまうので、未来のワクワク感をなかなか感じられません。

不器用な人は、できなかったことができた時に喜びを感じます。

それは器用な人には感じられないものなのです。

私は20年以上ボールルームダンスを習っています。

習いごとが続く人と続かない人は、はっきり分かれます。

器用な人は、すぐに来なくなります。

ある程度簡単にできてしまって、できた喜びがあまりないからです。

リズム感も運動神経も体力もなくて、「この人、大丈夫かな」と思っていた人は、

何かできるようになった時に、できた喜びが大きくて、そこからハマッていきます。

未来に対するワクワク感・満足度・充実度・達成感を感じるためには、不器用である方がいいのです。

新しいテクノロジーを開発する人には、ある不器用さがあります。

その方が世の中の不器用な人たちを助けるテクノロジーを生み出せます。

器用な人は、「それは器用じゃないと使えないよね」という道具しか生み出せないのです。

アメリカ人は、不器用です。

アメリカのホームセンターに行くと、日本にないようなものがあります。

そもそも日本人は器用すぎるところがあります。

日本人が「こんなの包丁で切れるじゃない」と思うものを、包丁を使わないで切れる道具があったりするのです。

アメリカ人がＤＩＹをするのは器用だからではありません。

不器用だから、自分たちで何かをつくる喜びを知ったのです。

「不安」を「ワクワク」に変える

59

不器用になろう。

60

学ぶことで、価値がわかる。価値がわかると、幸福感になる。

お茶をたしなむ人は、お茶器を味わいます。

お茶器を見ていると、お茶器に対する知識がついて、物語がわかってきます。

最初は、違いがわかりません。

たくさん見ていると、好き嫌いがわかるようになります。

お茶器をあまり見たことがない人、お茶の歴史や作法を何も知らない人がお茶器を見ると、「１００均で売っているのとたいして変わらない」ということになるのです。

これはお茶器に限りません。

あらゆるものは、価値がわかることで幸福感を感じます。

たとえば、比内地鶏を食べた時に「かたい」と言う人は、今までずっとファストフードの安いやわらかな蒸したブロイラーの鶏しか食べてこなかったのです。

やわらかいことが、その人にとって価値のあることです。

地べたで飼っている本当の鶏の歯ごたえを知らなければ、そこに価値を見出せないのです。

「価値を知ること」が、学ぶということです。

学ぶために、体験をし、勉強をし、人に教わるのです。

学ぶことで、そのものの価値がわかります。

価値がわかれば、幸福感を感じられるようになるのです。

「不安」を「ワクワク」に変える

60

学ぶことで、価値に気づこう。

あとがき

61

なんとかなる。思っている形とは、違う形で。

映画『ジヌよさらば』で、西田敏行さんが演じる「なかぬっさん」という神様が登場します。

この神様は西田敏行さんにしかできません。

西田敏行さんが、いいセリフを言います。

「なんとかなるよ。思った形ではないけどね」と言うのです。

これは凄く深いです。

みんなが「なんとかなる」と言っているのは、自分の思った形で解決策にたどり着こうとしています。

「なんとかなる」は、自分の想定した形で物事を乗り切ることではありません。

とにかく乗り切ることです。

自分の想定した形ではなくても、結果オーライです。

みんながなんとなく不安になるのは、自分の思った方向で持っていこうとするからです。

それはプロセスを固定しすぎています。

プロセスを柔軟に変えていく中で、想定どおりでは出会えなかったものに出会えるのです。

和光の3・11の時計も、最初に行った喫茶店にすんなり入っていたら見ることができませんでした。

たまたま2軒続けて満席で入れなかったことによって、その時計の前の店にたどり着いて、窓からしばらく眺めることができたのです。

しかも、席に座っていたら窓の外は見ていませんでした。

立っていたから、ちょうどいいアングルで見ることができました。

これは、思った形ではない、新たな発見に出会えたのです。

制約の多い時代だからこそ、今まで出会えなかったものに出会えるチャンスにめぐり合えています。

想定外の問題はあります。

想定外の解決もあります。

それに気づき始めた人は、「明日もまた何かにめぐり会える」と、ワクワクできるのです。

「不安」を「ワクワク」に変える

61

想定した形に、こだわらない。

中谷彰宏　主な作品一覧

ダイヤモンド社

『60代でしなければならない50のこと』
『面接の達人 バイブル版』
『なぜあの人は感情的にならないのか』
『50代でしなければならない55のこと』
『なぜあの人の話は楽しいのか』
『なぜあの人はすぐやるのか』
『なぜあの人は逆境に強いのか』
『なぜあの人の話に納得してしまうのか［新版］』
『なぜあの人は勉強が続くのか』
『なぜあの人は仕事ができるのか』
『25歳までにしなければならない59のこと』
『なぜあの人は整理がうまいのか』
『なぜあの人はいつもやる気があるのか』
『なぜあのリーダーに人はついていくのか』
『大人のマナー』
『プラス1％の企画力』
『なぜあの人は人前で話すのがうまいのか』
『あなたが「あなた」を超えるとき』
『中谷彰宏金言集』
『こんな上司に叱られたい。』
『フォローの達人』
『「キレない力」を作る50の方法』
『女性に尊敬されるリーダーが、成功する。』
『30代で出会わなければならない50人』
『20代で出会わなければならない50人』
『就活時代しなければならない50のこと』
『あせらず、止まらず、退かず。』
『お客様を育てるサービス』
『あの人の下なら、「やる気」が出る。』
『なくてはならない人になる』
『人のために何ができるか』
『キャパのある人が、成功する。』
『時間をプレゼントする人が、成功する。』
『明日がワクワクする50の方法』
『ターニングポイントに立つ君に』
『空気を読める人が、成功する。』
『整理力を高める50の方法』
『迷いを断ち切る50の方法』
『なぜあの人は10歳若く見えるのか』
『初対面で好かれる60の話し方』
『成功体質になる50の方法』
『運が開ける接客術』

中谷彰宏　主な作品一覧

『運のいい人に好かれる50の方法』
『本番力を高める57の方法』
『運が開ける勉強法』
『バランス力のある人が、成功する。』
『ラスト3分に強くなる50の方法』
『逆転力を高める50の方法』
『最初の3年その他大勢から抜け出す50の方法』
『ドタン場に強くなる50の方法』
『アイデアが止まらなくなる50の方法』
『思い出した夢は、実現する。』
『メンタル力で逆転する50の方法』
『自分力を高めるヒント』
『なぜあの人はストレスに強いのか』
『面白くなければカッコよくない』
『たった一言で生まれ変わる』
『スピード自己実現』
『スピード開運術』
『スピード問題解決』
『スピード危機管理』
『一流の勉強術』
『スピード意識改革』
『お客様のファンになろう』
『20代自分らしく生きる45の方法』
『なぜあの人は問題解決がうまいのか』
『しびれるサービス』
『大人のスピード説得術』
『お客様に学ぶサービス勉強法』
『スピード人脈術』
『スピードサービス』
『スピード成功の方程式』
『スピードリーダーシップ』
『出会いにひとつのムダもない』
『なぜあの人は気がきくのか』
『お客様にしなければならない50のこと』
『大人になる前にしなければならない50のこと』
『なぜあの人はお客さんに好かれるのか』
『会社で教えてくれない50のこと』
『なぜあの人は時間を創り出せるのか』
『なぜあの人は運が強いのか』
『20代でしなければならない50のこと』
『なぜあの人はプレッシャーに強いのか』
『大学時代しなければならない50のこと』
『あなたに起こることはすべて正しい』

きずな出版

『チャンスをつかめる人のビジネスマナー』
『生きる誘惑』
『しがみつかない大人になる63の方法』
『「理不尽」が多い人ほど、強くなる。』
『グズグズしない人の61の習慣』

『イライラしない人の63の習慣』
『悩まない人の63の習慣』
『いい女は「涙を背に流し、微笑みを抱く男」とつきあう。』
『ファーストクラスに乗る人の自己投資』
『いい女は「紳士」とつきあう。』
『ファーストクラスに乗る人の発想』
『いい女は「言いなりになりたい男」とつきあう。』
『ファーストクラスに乗る人の人間関係』
『いい女は「変身させてくれる男」とつきあう。』
『ファーストクラスに乗る人の人脈』
『ファーストクラスに乗る人のお金2』
『ファーストクラスに乗る人の仕事』
『ファーストクラスに乗る人の教育』
『ファーストクラスに乗る人の勉強』
『ファーストクラスに乗る人のお金』
『ファーストクラスに乗る人のノート』
『ギリギリセーフ』

PHP研究所

『自己肯定感が一瞬で上がる63の方法』文庫
『定年前に生まれ変わろう』
『なぜあの人は、しなやかで強いのか』
『メンタルが強くなる60のルーティン』
『なぜランチタイムに本を読む人は、成功するのか。』
『中学時代にガンバれる40の言葉』
『中学時代がハッピーになる30のこと』
『もう一度会いたくなる人の聞く力』
『14歳からの人生哲学』
『受験生すぐにできる50のこと』
『高校受験すぐにできる40のこと』
『ほんのささいなことに、恋の幸せがある。』
『高校時代にしておく50のこと』
『お金持ちは、お札の向きがそろっている。』文庫
『仕事の極め方』
『中学時代にしておく50のこと』
『たった3分で愛される人になる』文庫
『図解「できる人」のスピード整理術』
『図解「できる人」の時間活用ノート』
『自分で考える人が成功する』文庫
『入社3年目までに勝負がつく77の法則』文庫

リベラル社

『メンタルと体調のリセット術』
『新しい仕事術』
『哲学の話』
『1分で伝える力』
『「また会いたい」と思われる人「二度目はない」と思われる人』
『モチベーションの強化書』
『50代がもっともっと楽しくなる方法』

『40代がもっと楽しくなる方法』
『30代が楽しくなる方法』
『チャンスをつかむ 超会話術』
『自分を変える 超時間術』
『問題解決のコツ』
『リーダーの技術』
『一流の話し方』
『一流のお金の生み出し方』
『一流の思考の作り方』

大和書房

『いい女は「ひとり時間」で磨かれる』文庫
『大人の男の身だしなみ』
『今日から「印象美人」』文庫
『いい女のしぐさ』文庫
『美人は、片づけから。』文庫
『いい女の話し方』文庫
『「つらいな」と思ったとき読む本』文庫
『27歳からのいい女養成講座』文庫
『なぜか「HAPPY」な女性の習慣』文庫
『なぜか「美人」に見える女性の習慣』文庫
『いい女の教科書』文庫
『いい女恋愛塾』文庫
『「女を楽しませる」ことが男の最高の仕事。』文庫
『いい女練習帳』文庫
『男は女で修行する。』文庫

ぱる出版

『粋な人、野暮な人。』
『品のある稼ぎ方・使い方』
『察する人、間の悪い人。』
『選ばれる人、選ばれない人。』
『一流のウソは、人を幸せにする。』
『なぜ、あの人は「本番」に強いのか』
『セクシーな男、男前な女。』
『運のある人、運のない人』
『器の大きい人、器の小さい人』
『品のある人、品のない人』

学研プラス

『読む本で、人生が変わる。』
『なぜあの人は感じがいいのか。』
『頑張らない人は、うまくいく。』
『見た目を磨く人は、うまくいく文庫
『セクシーな人は、うまくいく。』
『片づけられる人は、うまくいく。』文庫
『美人力』（ハンディ版）
『怒らない人は、うまくいく。』文庫
『すぐやる人は、うまくいく。』文庫

ファーストプレス

『「超一流」の会話術』
『「超一流」の分析力』
『「超一流」の構想術』
『「超一流」の整理術』
『「超一流」の時間術』
『「超一流」の行動術』
『「超一流」の勉強法』
『「超一流」の仕事術』

水王舎

『なぜ美術館に通う人は「気品」があるのか。』
『なぜあの人は「美意識」があるのか。』
『なぜあの人は「教養」があるのか。』
『結果を出す人の話し方』
『「人脈」を「お金」にかえる勉強』
『「学び」を「お金」にかえる勉強』

あさ出版

『孤独が人生を豊かにする』
『気まずくならない雑談力』
『「いつまでもクヨクヨしたくない」とき読む本』
『「イライラしてるな」と思ったとき読む本』
『なぜあの人は会話がつづくのか』

すばる舎リンケージ

『仕事が速い人が無意識にしている工夫』
『好かれる人が無意識にしている文章の書き方』
『好かれる人が無意識にしている言葉の選び方』
『好かれる人が無意識にしている気の使い方』

日本実業出版社

『出会いに恵まれる女性がしている63のこと』
『凛とした女性がしている63のこと』
『一流の人が言わない50のこと』
『一流の男 一流の風格』

現代書林

『チャンスは「ムダなこと」から生まれる。』
『お金の不安がなくなる60の方法』
『なぜあの人には「大人の色気」があるのか』

毎日新聞出版

『あなたのまわりに「いいこと」が起きる70の言葉』
『なぜあの人は心が折れないのか』
『一流のナンバー2』

ぜんにち出版

『リーダーの条件』

中谷彰宏　主な作品一覧

『モテるオヤジの作法2』
『かわいげのある女』

DHC

ポストカード『会う人みんな神さま』
書画集『会う人みんな神さま』
『あと「ひとこと」の英会話』

自由国民社

『「そのうち何か一緒に」を、卒業しよう。』
『君がイキイキしていると、僕はうれしい。』

青春出版社

『50代から成功する人の無意識の習慣』
『いくつになっても「求められる人」の小さな習慣』

ユサブル

『迷った時、「答え」は歴史の中にある。』
『1秒で刺さる書き方』

大和出版

『自己演出力』
『一流の準備力』

海竜社

『昨日より強い自分を引き出す61の方法』
『一流のストレス』

リンデン舎

『状況は、自分が思うほど悪くない。』
『速いミスは、許される。』

文芸社

『全力で、1ミリ進もう。』文庫
『贅沢なキスをしよう。』文庫

総合法令出版

『「気がきくね」と言われる人のシンプルな法則』
『伝説のホストに学ぶ82の成功法則』

サンクチュアリ出版

『転職先はわたしの会社』
『壁に当たるのは気モチイイ 人生もエッチも』

WAVE出版

『リアクションを制する者が20代を制する。』

秀和システム

『人とは違う生き方をしよう。』

河出書房新社

『成功する人は、教わり方が違う。』

二見書房

『「お金持ち」の時間術』文庫

ミライカナイブックス

『名前を聞く前に、キスをしよう。』

イースト・プレス

『なぜかモテる人がしている42のこと』文庫

第三文明社

『仕事は、最高に楽しい。』

日本経済新聞出版社

『会社で自由に生きる法』

講談社

『なぜ あの人は強いのか』文庫

アクセス・パブリッシング

『大人になってからもう一度受けたい コミュニケーションの授業』

阪急コミュニケーションズ

『サクセス＆ハッピーになる50の方法』

きこ書房

『大人の教科書』

著者略歴

中谷彰宏（なかたに・あきひろ）

1959年、大阪府生まれ。早稲田大学第一文学部演劇科卒業。

84年、博報堂に入社。CMプランナーとして、テレビ、ラジオCMの企画、演出をする。91年、独立し、株式会社中谷彰宏事務所を設立。

ビジネス書から恋愛エッセイ、小説まで、多岐にわたるジャンルで、数多くのロングセラー、ベストセラーを送り出す。「中谷塾」を主宰し、全国で講演・ワークショップ活動を行っている。


本の感想など、どんなことでもお手紙を楽しみにしています。

他の人に読まれることはありません。**僕は本気で読みます。**

中谷彰宏

〒171-0033　東京都豊島区高田3丁目10番11号
株式会社自由国民社　編集部気付
中谷彰宏　行

※食品、現金、切手等の同封はご遠慮ください（株式会社自由国民社）

【中谷彰宏　公式サイト】 https://an-web.com

中谷彰宏は、盲導犬育成事業に賛同し、この本の印税の一部を（公財）日本盲導犬協会に寄付しています。